CREATION OF MANAGEMENT

新規事業を立ち上げるための要諦

経営の創造

大川隆法 Ryuho Okawa

まえがき

「経営」を「管理」や「運営」のことだと思っているなら間違っているといってよい。学級担任がクラスの生徒の生活指導をしているのは「管理」ではあっても「経営」ではない。清掃局が、月・水・金にゴミ収集することに決めて、配車と人員のローテーションを決めても、それは「運営」であって「経営」ではない。

「経営」とは、新しい事業を「創造」し、「守り育て」、「発展」させていくことである。生き残りをかけた「経営」は、防戦一方だけでは十分ではない。日々に「新しき挑戦」がそこにはなければならない。

本書には、新事業を立ち上げるためのヒントが満載《まんさい》されている。自分の適性や新事業の種への目のつけどころ、同業他社との圧倒的な差別化《さべつか》、どうすればお客様の熱烈な支持を受けられるか、など、着想のヒントには様々な視点がある。どうか真剣勝負で黒字経営を目指していってほしい。

二〇一四年　四月三十日

幸福《こうふく》の科学《かがく》グループ創始者兼総裁《そうししゃけんそうさい》
幸福《こうふく》の科学大学創立者《かがくだいがくそうりつしゃ》　大川隆法《おおかわりゅうほう》

経営の創造　目次

経営の創造

――新規事業を立ち上げるための要諦《ようてい》――

二〇一三年十月一日　説法
東京都・幸福の科学総合本部にて

5 事業を長く続けて成功するためには 95

経営の創造

――新規事業を立ち上げるための要諦《ようてい》――

二〇一三年十月一日　説法

東京都・幸福の科学総合本部にて

1　よき観察者であれ

真剣《しんけん》勝負で百戦百勝を狙《ねら》うのが「経営成功学」

前回、『「経営成功学」とは何か』ということで、「経営学」ではなく、「経営成功学」という概念《がいねん》を提起しました（『「経営成功学」とは何か』〔幸福の科学出版刊〕参照）。

「現在の日本社会においては、黒字が〝三割打者〟でオッケーになっているようだ。黒字三割・赤字七割で、七割の企業は法人税を払わずにいるのが普通《ふつう》らしい」ということで、そういう説法《せっぽう》をしたわけですが、今日は、その原稿《げんこう》を校正し、「まえがき」「あとがき」を書いて、出版の準備をしていたところです。

「七割赤字でよい」というのは、まことに不思議なことです。それに対して、「経営成功学では、基本的には、黒字十割を狙《ねら》わなければいけない。あるいは、十割というより、百戦百勝を狙わなければいけない」という話をしたのです。

簡単に言えば、昔の真剣《しんけん》の試合なら、一回負けたらそれで終わりです。向こうの真剣が、体のどこを斬《き》っても、それで終わりになります。道場での試合なら、勝ったり負けたりしても構いませんが、真剣勝負ならば、ど

『「経営成功学」とは何か』
(幸福の科学出版刊)

こを斬られようと、先に斬られたほうが終わりになります。そういう意味で、一敗もできないのが実際です。

それほど実際の事業あるいは経営は厳しいものであり、一度負けたら、まさしく終わりになることも十分にありうるのです。

戦《いくさ》でも、もちろん、そうでしょう。何度も何度も戦うこともできますが、「大将が敗《やぶ》れたら終わり」、あるいは「王様が敗れたら終わり」というのは、昔から多いことです。

その意味で、「イージー（安易）に負ける経営」というか、「七割の負けをよしとする経営」というのは、基本的に、あまり認めがたいものかと思います。

もちろん、「赤字を出し続けることによって新陳代謝《しんちんたいしゃ》が促進《そくしん》され、毎年、社長がどんどん替《か》わる」というような状態もよいのかもしれません。そういうことは、どこかの企業ではあるかもしれません。「人が替わってよい」ということです。

確かに、戦場であれば、大将が死ぬと、下の人が大将に上がっていくことがあります。それと同じように、経営では、死んではくれませんが、赤字を出すと交替になることがあって、それは、「新陳代謝が起きる」という意味では、悪くないのかもしれません。

しかし、経営者であり続けたければ、基本的には、黒字を出さなければなりません。黒字ということは、結局、「売り上げから経費を差し引いたとき、プラスの利益が出なければ、駄目《だめ》だ」ということであり、これが基本なのです。

世間を観察するなかに、いろいろなヒントがある

売り上げよりも経費が多いところは、絶対にもちません。ここは、絶対にもたないところとしては、政府などがあります。収入より使う額のほうがはるかに多く、借金が膨《ふく》らんでいっているので、今日にも消費税の引き上げが決まりますが（説法当時）、どうなるでしょうか。今後、事態の推移を慎重《しんちょう》に見守りたいと思います。

何らかの経営チャンスが生まれるかもしれないので、見ておきたいのです。世の中は、いろいろなことがあって面白いものです。

そのように、何かの事業をしている人は、当然、それに専念していて、

自分のこと以外は考えられないようになっているわけですが、その事業に携《たずさ》わっていない人から見ると、けっこう、岡目八目《おかめはちもく》というか、よく見えることがあります。つまり、「自分がやったらできなくても、人がやっているのはよく見える」ということはあるのです。

ですから、事業経営をやろうと思う人は、まず「よき観察者」でなければいけないと思います。

自分のことばかり考えていると、自分のなかにあるもの以外は何もありませんが、周りに目を向けると、いろいろな〝種族〟の人が大勢住んでいて、いろいろな業態があるのです。そして、そのなかには、学び取るべきものが非常にたくさんあります。

例えば、皮膚感覚というか、肌感覚だけで見ても、一日中いろいろなものに接触《せっしょく》すると思いますが、「感じがよい」と思うか思わないかという点だけでも明らかに出てくるでしょう。

それを、いちいち手帳に書く人はいないかもしれませんが、「ここは感じがよかった」「悪かった」とかいうのはあるでしょう。

物を買ったり食べたりしても、「高く感じた」か「そうは思わなかった」か、あるいは、「サービスがよいと感じた」か「悪く感じた」かということはあると思います。

映画を観《み》ても、「面白かった」か「面白くなかった」かということはあります。

また、乗り物に乗っても、「乗り心地がよかった」か「悪かった」か、飛行機に乗っても、「操縦がうまかった」か「うまくなかった」か、あるいは、

「サービスがよかった」か「悪かった」か、いろいろとあるでしょう。

もちろん、学校や塾に行っても、同じく、「よかった」か「悪かった」かということは必ずあります。

自分だけを見ていると、世界は狭《せま》いのですが、世間を見ていると、それこそ、三千世界《さんぜんせかい》が見えるというか、いろいろな職業のいろいろな人の姿が見えるのです。

したがって、何らかのかたちで事業経営をしようとする人は、「よき観察者」でなければならないと私は思います。そのなかに、いろいろなヒントが潜《ひそ》んでいるものなのです。

2　自分に向いている事業の見極《みきわ》め方

人には、向き不向きがある

具体的には、「これから経営者を志《こころざ》すような方にとっての考え方」ということになります。

まず、「自分はどのような事業なら向いているか」という悩みもあれば、「どのような事業なら成功させられるか」という悩みもあるでしょう。こうした、「事業を起こすときの悩み」というものがあると思います。

これに関しては、「すでに何らかの職業に就《つ》いていて、その職業についてある程度の熟練度がある人は、同じような職業か、それに類似した職業をやることが成功しやすい」というのは、当然のことです。

ただ、職業訓練を経《へ》ていない学生や、まだ世間の荒波《あらなみ》に揉《も》まれていない立場にある人から見ると、「自分は何に向いているか」というのは、それほど簡単に分かることではないのです。

そういう人の場合、まず考えていただきたいのは、「人には、向き不向きがある」ということです。

適性があって、どの職業にでも向いている人というのは、そんなにいるわけではありません。やはり、「何らかの職業に向いているかどうか」ということはあります。

つまり、「自分の適性を見極《みきわ》めなければいけない」ということがあるのです。その意味で、まだ社会経験、職業経験を積んでいない人の場合であれば、やはり、自分の適性を見なければなりません。

適性を見極めるポイント①

ほめられたことを思い出してみる

自分の適性はどこから見ることができるでしょうか。

学生であれば、年齢《ねんれい》は十八歳から二十代前半でしょう。若い人の場合、過去二十年前後の歴史しかありませんが、「『そのなかで、自分がほめられたところはどこか』ということを思い出してみる」というのが、一つです。

親やきょうだい、友達、学校の先生、隣《となり》近所の人など、いろいろな人からほめられたことがあると思いますが、それを思い出していただきたいのです。

ほかの人は、いろいろなかたちで、世間の子供たちを見ているわけですから、「そのなかで、その人の目に映って、ほめられたこと」というのは、「そのなかに、ある意味で、自分の生き筋《すじ》というか、適性がある場合がある」ということなのです。

特に、自分より目上の人の目についた場合は、その「筋」があることがあります。

例えば、「ピアノを弾《ひ》いてみたら、予想外にうまかった」とか、「凧揚《たこあ》げをしてみたら、予想外にうまかった」とか（笑）、「雪山で滑《すべ》ってみたら、思いのほかソリがうまかった」とかいうことだってあるでしょう。

何があるかは分かりませんが、予想外にほめられるようなことがあったと思うので、何がほめられたかを思い出してほしいのです。

二十年ぐらい振り返ってみて、まったく何もほめられたことがないという人は、おそらく〝健忘症《けんぼうしょう》〟であって、たいていの場合、忘れているだけです。

何かはあるはずです。「絵がうまかった」「口は悪かったけど、とにかく口の回転が速かった」「頭は悪かったけど、顔はよかった」「顔は大したことがなかったけど、笑顔はよかった」、あるいは、「お辞儀《じぎ》の仕方がよかった」「人にお礼を言うのがうまかった」「お使いを頼《たの》んだら、確実に頼んだものを買ってこれた」など、いろいろあると思うのです。

そうした、「何がほめられたか」というのを思い出してほしいのです。これは、少し時間はかかるかもしれません。また、精舎《しょうじゃ》（幸福の科学の研修施設《しせつ》）の研修にも向いているかもしれません。

このように、振り返ってみて、他人様《ひとさま》から、「こういうところが素晴らしい」とか、「優れている」とか、ほめられたようなことがあったら、そのなかに、自分に向いている「筋」がある場合もあります。

例えば、そのほめ方のなかに、「自分は営業向きの人間であるか」「サービス系に向いている人間であるか」「学者・研究者に向いている人間であるか」ということが見えてくると思います。

あるいは、「体力を生かして、人が持てないようなものを持てたり運べたりしたところがほめられた」とか、「『発明家然《ぜん》として、いろいろなことを思いつく人だね』というかたちで、ほめられた」とか、何かあると思うので、そういった分類を考えてみていただきたいのです。

「適性に立つ」ということで、自分の長所を自分自身で考えてみることが、職業選択《せんたく》および事業選択の一つだと思います。

適性を見極めるポイント②

街《まち》のなかで、いろいろなものを見て、何が気になるか

もう一つは何でしょうか。

街《まち》に出てみて一日過ごしてみれば分かることですが、街のなかで、いろいろなものを見て、気になることがあると思います。

「適性に立つ」ということで、
自分の長所を自分自身で考えてみることが、
職業選択《せんたく》および事業選択の一つだと思います。

そのなかには、例えば、自分だと腹の立つこととか、「ここはもう少しどうにかしてほしいな」と思うところとかがあるでしょう。

今はどうなっているかは知りませんが、昔であれば、冬場になると、電車は着ぶくれラッシュで入り切らず、駅員が無理やり押《お》し込《こ》むというようなこともやっていました。人間としての尊厳が失われるギリギリの問題はあったかと思います。「まだ詰《つ》め込むのか。これで『赤字だ』と言ったら、許さないぞ」と思うぐらいの押し込み方をしていました。昼間はガラガラなので、赤字になることがあるのでしょうが、冬場のラッシュのときに電車に人が入らないということもありました。また、暖房《だんぼう》がきつすぎるとか、弱すぎるとかいうこともあります。

あるいは、車であれば、タクシーに乗っても、腹の立つことはたくさんあるでしょう。無理やり乱暴な運転をする運転手もいれば、返事をしない運転手もいます。丁寧《ていねい》に声をかけてくれる運転手もいますが、ラジオをかけっ放しで、自分の関心のある野球中継《ちゅうけい》や、株の情報ばかり聴《き》いている運転手から始まって、社内の無線をガンガンかけっ放しにしている運転手まで、いくらでもいます。そういうことへの思いはあるでしょう。

以前、谷沢永一《たにざわえいいち》さんなども言っていたと思いますが、大阪あたりには、すぐに小道《こみち》に入りたがる運転手がいるようです。脇道《わきみち》を道をよく知っているところを見せたくて、走るわけですが、結局、「大通りを走ったほうが早かった」という結論になることが多いらしいのです。

谷沢永一（1929～2011）
評論家。書誌学者。

道を知っているので、こちょこちょと走るのですが、結局、遠回りになったり、渋滞《じゅうたい》に引っ掛《か》かったりして、着くのが遅《おそ》くなり、「堂々と、大通りを走っていれば、もっと早く着いたのに。料金は高いし、時間もかかった」というように、気を利《き》かしているつもりで、マイナスが出る運転手もいます。

あるいは、服を買いに行ったら、自分の嫌《きら》いなものをいつも勧《すす》めてくるところもあれば、ピタッと合うものを勧めてくるところもあります。そのへんのセンスを見なければいけないでしょう。

そういうことで、先ほど、「自分がほめられた記憶《きおく》も、一つの将来の適性や事業になる」と述べましたが、もう一つには、「社会に出て、いったい何が気になるかを見てみる」ということもあります。

サービスや商品など、いろいろなものを見て、気になったり、「改善してもらいたいな」と思ったりすることがあると思います。そう思わないものもあるでしょうが、そう思うものもあると思うのです。その、「これを改善したい」「自分ならこうしたいな」と思うようなところに、あなたの素質がある可能性があるのです。

例えば、うどん屋に入って、いつも、「出汁《だし》が悪い」と感じるようであれば、その人には何か素質があるのです。

私は四国の生まれですが、そこでは、出汁は薄味《うすあじ》と決まっています。しかし、名古屋に行くと、ドロドロした赤味噌《あかみそ》で煮込《にこ》んだものが出てくることがあります。「これは、ちょっとたまらないな」という感じはありますが、名古屋でそれに慣れている人は、「そうでないと、とてもではないが、うどんを食べた気がしない」というわけです。

名古屋の人が、四国に行くと、「水のような出汁に入ったうどんは食べられない」と言います。一方、四国の人は、名古屋に行くと、「何だ、ドブ水のようなうどんは。こんなものが食べられるか」と言います。名古屋の人は、薄味のうどんは断固拒否《きょひ》して、食べてくれません（笑）。ところが、名古屋を飛び越《こ》して東京まで来ると、四国のうどんが出回ったりするのです。

東京には、〝罰当《ばちあ》たり〟にも「空海《くうかい》」という名前の店があります。四国で出したら大変なことになると思いますが、東京だと別に分かりはしないので、平気で出せるのでしょう。私の近所にも、そういう店があります。

高松などで出したら〝殺される〟のではないでしょうか（笑）。「この罰当たりが！　どこの許可を得て出しているんだ」と言われるかもしれませんが、東京で出す分には、「何だ、それ？」というぐらいの反応しかないのでしょう。

さらに、同じ「空海」でも、服の「KOOKAÏ《クーカイ》」もあります。フランス人のデザイナーが弘法大師《こうぼうだいし》空海の「空海」という名前が好きになり、フランス語で「KOOKAÏ」と付けたらしいのです。

店員に、「このお店の名前は何だか変わっていますが、どこから来ているのですか」と訊《き》いたら、「これは弘法大師空海の『空海』から来ています。デザイナーが『空海』という言葉の響《ひび》きが気に入って、付けたのです」と言っていました。

「それでは、仏教と関係があるのですか」と訊くと、「いや、全然ありません。まったくないのです」と言っていました。小柄《こがら》で細い女性に似合う服をよくつくっているところですが、こういう店もあったりします。

人は、いろいろなところで、いろいろなことをひらめくものです。

うどんの「空海」であれば、確かに、多少関係がないわけではありません。「讃岐《さぬき》うどんの讃岐（現在の香川県《かがわ》）で、弘法大師が生まれた」という〝つながり〟はあるので、全然関係がないわけではないのです。ただ、〝罰当たり〟にも、ラーメン屋で「空海」となると、少し〝問題〟が出てき始めるでしょう（笑）。

一方、フランス人が「KOOKAÏ」というブランドの服を出すのは、少し変わっているので、「何か、お遍路《へんろ》でもしたのかな」という想像が働くと思いますが、そういうわけではなさそうでした。

そのように、人は、いろいろなところで着想を得るようです。着想がパッとひらめくことがあって、それでヒットする場合もあるのです。

適性を見極めるポイント③

好き嫌《きら》いが出るもののなかに、「才能」がある場合もある

世の中には、自分が「よい」と思うものもあれば、「悪い」と思うものもあります。そのように、好悪《こうお》がはっきりと出てくるもののなかに、自らの何らかの才能がある場合があるのです。やはり、そのへんは考えなければいけません。

うどんであれば、薄味のうどんを出すような所であれば、脂《あぶら》っこいものの

は、そう大して好きではないことが多いです。しかし、同じうどんでも、名古屋では、赤味噌で煮込んだ、きしめんのようなうどんが出てきます。また、名古屋といえば、「天むす」も名物の一つです。おむすびのなかに、海老《えび》の天ぷらが入っているものです。

これは、そこではヒットするかもしれませんが、別の所に行って、おにぎりのなかに天ぷらを入れたら、「何だ、これは？　これでは胃にもたれて、たまらない」と言われるかもしれません。「軽く食べたいからおにぎりにしたのに、これでは軽くならないではないか。午後いっぱい、お腹がもたれて、たまらない」と言う人だっているかもしれません。

このように、いろいろなところにヒントがあって、一日のなかで、自分の好悪がはっきりと分かれるようなものがあったら、そのへんに才能があ

世の中には、
自分が「よい」と思うものもあれば、
「悪い」と思うものもあります。
そのように、好悪《こうお》がはっきりと出てくるもののなかに、
自らの何らかの才能がある場合があるのです。

るわけです。

服についても、「この色は、どうしても気に食わない」というものがあると思います。そのへんはセンスの問題ではありましょう。

以前にも話したことがありますが、商社時代、アメリカにいたとき、私は青いスーツに赤いネクタイをして行ったら、上司から大変怒《おこ》られたことがあります。「おまえの色彩《しきさい》感覚はなっていない。何という格好をしているのだ。赤と青なんて合うわけがないだろうが」と言われ、ガンガンに怒られたのです。

私は、もう小さくなって、「本当に、私はセンスが悪いのだな」と思い、以後、服をそういう色彩にはしないようにしていました。

ところが、大統領選を見ていると、候補者は、けっこう青っぽい服に赤のネクタイをしています。調査会社が「赤いネクタイと青いネクタイと、どちらが支持を得るか」とかいうことを調べたところ、「紺《こん》のスーツに赤いネクタイが、得票は高い」という結果が出ているらしいのです。

スーパーマンにしても、赤と青です。当時、「あれもセンスが悪いのだろうか」と、しばらく考えたことがあります。「スーパーマンは、赤いマントを着け、赤いパンツをはき、青いレオタードを着ているが、あれもセンスが悪いのかな。センスの悪いヒーローがありうるのだろうか」と考えたものです。

ただ、アメリカ人は、やはり、青と赤との組み合わせを、わりに好むのです。結局、「その人は好まなかった」というだけのことでしょう。そういうこともあるわけです。

好き嫌いがはっきりと分かれてきた場合、もちろん、そのとおりであることもあるでしょうが、そのなかに、自らの感性とか、テイスト（趣味《しゅみ》・好み）とか、そういうものが出ているのがあるので、これも事業創造のヒントの一つであると思います。

そういうものにやたらとこだわる部分があったなら、それは、「あなたの感性のなかに、そういうテイストがある」ということです。

適性を見極めるポイント④

何も感じないなら、その業界には向いていない

「何を食べても、同じように感じる」という人でしたら、基本的に、食

品業界には向かないと思います。「どの旅館に泊《と》まっても、食事はみな同じに見える」「どのホテルに泊まっても、同じに見える」という人は、基本的に、飲食業および宿泊業には向いていないと思われます。

そうではなく、「部屋によっては眠《ねむ》れない」とか、「持ってきた料理が冷めていたから、この旅館は二度とご免《めん》だ」とか言って、うるさい人は、多少適性があります。意外にそんなものなのです。

これに気がつかない人は、当会であれば、精舎の館長などをしても、信者の不満にまったく気がつかない可能性があります。

ホテルに泊まっても、何も感じない。旅館に泊まっても、何も感じない。食べ物にも寝る所にも、何も感じない。カーテンの色にも、何も感じない。朝日が入るか入らないか、全然気にならない。音がうるさいかどうかも、気にならない。階段を駆《か》け上がる音がうるさいかどうか、トイレの水を流す音がうるさいかどうかも、気にならない。

こういう人は、ほかの人が不満を持っていても、基本的に、何も気がつかないままで終わります。そして、そういう場合は、「お客様は無警告で打ち切って、来なくなる」ということが始まるわけです。

当会でも、こういう人が全国に数多く散らばっているだろうと推定します。チェックができないので分かりませんが、おそらくいると思います。

ところが、うるさい人になると、自分の枕《まくら》まで持って移動しています。ホテルではどのような枕が出てくるかは分からないので、警戒《けいかい》して、自分の枕を持っていくわけです。

かく言う私も、枕が送られてきます。別に不満を言ったわけではありません。ホテルでは、よく、三種類ぐらいの枕が選択制で置いてあり、「自分に合う枕で寝てください」という感じになっていますが、私の場合、秘書が枕を旅先まで送ってくるのです。

私はいつも「恥《は》ずかしい」と思っています。それは、父のことを思い出すからです。父は、普通《ふつう》のクッションの枕は駄目《だめ》で、そば殻《がら》の枕でなければ寝られなかったため、そば殻の枕を持って旅行していました。それを思い出して、「恥ずかしいな」と思うのですが、私も、いつも枕が旅先に送られてきています。枕について何か言った記憶はないのですが（笑）。

さらに、私は、温度調整をするものですから、枕だけでなく、アイスノン（保冷剤《ほれいざい》）までホテルに送られてくるような状況《じょうきょう》です。室温調整をした上で布団をかぶると、夜中、暑くなってくることがあります。布団のなかは、だいたい八度から十度ぐらい、温度が変わるのです。

寝返りをしたとき、適度に空気が入って温度が下がるような布団であればよいのですが、空気が入らないようなドサッとした布団だと、温度が十度ぐらい高くなり、〝箱蒸《はこむ》し〟状態で寝ることになる場合があるため、最近は、アイスノンまでホテルに〝ついてきて〟います。

こういうものがだんだん増えて仕方がないのですが、おかげさまで、細かいものですから、サービス業のほうのチェックはよく目が利きます。

ずいぶん昔のことですが、「このくらい細かく見えるようになってきたら、一倉定《いちくらさだむ》（経営コンサルタント）の代わりができるかな」と思うようになった時期があります。

もう十年以上も前ですが、ホテルや旅館に入って部屋に案内されただけで、そこの経営状態がだいたい全部分かったので、その意味で、目は非常に厳しくなったと思います。その後、多少鷹揚《おうよう》になったつもりではいますが、なっていないかもしれません。それは少し分かりません。

ただ、そのように、自分の「好悪」が特に激しく出るときには、そこに才能が何かしらある場合があるのです。

適性を見極めるポイント⑤

ほかの人と感覚が違《ちが》うところは何か

もちろん、「嫌いなもの」もあるでしょうが、「好きなもの」もあると思います。

例えば、語学が好きで仕方がないという人は、語学がうまくなるのが早いし、語学が得意になる場合もあるし、当然、語学が職業になる場合もあります。

それから、運転が好きで仕方がないという人は、車を使うような仕事が向いている場合もあるでしょう。車が嫌いで仕方がないという人であれば、車を使って営業に回るようなセールスは、まず向きません。基本的には向かないのです。

したがって、自分が育ってきた過程のなかで、かつて、人から才能らしきものを認められたことがないかどうかを探ってみるだけでなく、さらには、実際に外の社会に出て、「好き嫌い」がはっきりと出てくるものは何かを知ることが大事です。そのなかに、感覚というか、才能がある場合もあるわけです。

なかには、店員がお釣《つ》りを数えているのを見ていて、それを渡《わた》される前に、「お札《さつ》が一枚足りない」とか、「小銭が多いか少ないか」とかいうことがパッと分かる人もいます。銀行向きです。銀行に行ったほうがよいでしょう。

私の家内も、銀行に一年ぐらいいただけですが、店員がお札を数え間違《まちが》えると、向こうが渡す前にそのことが分かっているのです。すごいものです。やはり、職業訓練というのはあるのです。パッと見て、「あっ、一枚違う」と言ったら、そのとおりだったのです。向こうは一生懸命《いっしょうけんめい》に数えていましたが、一枚間違っていました。そのとおりだったので、驚《おどろ》きです。

このように、何でもよいのですが、ほかの人とは感覚が少し違うようなところがあれば、「才能がある」ということです。

3　努力によって開発できる能力もある

引っ込《こ》み思案《じあん》な性格を、正反対の性格に変えることは可能

それから、「事業を大きくしたいか、小さくしたいか」ということは、その人の性格によることが多いです。

基本的に、明るくて積極的なタイプの人には、大きくしたくなる傾向《けいこう》がありますます。一方、どちらかというと引っ込《こ》み思案《じあん》で、暗く考えるタイプの人には、どうしても、小さくしていく傾向が出てきます。

ただ、性格は、生まれつきで全部が決まっているわけではありません。それに気がついたときが転換点であり、その人が今後どういう未来を願うかによって、道筋は違《ちが》うわけです。

ですから、引っ込み思案で暗く、臆病《おくびょう》な性格の人が、正反対の性格になることは、いくらでもあります。

例えば、当会では、ほとんどの人が知っていると思いますが、ノーマン・ビンセント・ピールという人がいます。あのような、積極主義の伝道師のような人でも、小さい頃《ころ》は、引っ込み思案で、臆病で、物怖《ものお》じし、どもってすぐに赤くなり、自分の言いたいことが言えない人だったらしいのです。

ノーマン・ビンセント・ピール
(1898 ～ 1993)
アメリカの牧師。

性格は、生まれつきで
全部が決まっているわけではありません。
それに気がついたときが転換点であり、
その人が今後どういう未来を願うかによって、
道筋は違《ちが》うわけです。

彼の親は牧師だったのですが、日本であれば、「お寺の子だ」と言われ、バカにされるような感じでしょうか。アメリカでは、「牧師の子」というのが、けっこう、からかいの種になるらしく、彼は「それを言われるのが嫌《いや》で嫌で仕方がなく、劣等感《れっとうかん》を感じていた」ということをよく言っています。

「牧師の子」と言われると、いかにもひ弱で、すぐにでもひねり潰《つぶ》されそうな感じがするようです。たくましい感じがせず、いかにも、ひ弱なもやしっ子のような感じがするらしいのです。

ピールは、それが嫌で嫌で仕方がなかったらしいのですが、考え方を変えることによって、自分自身を変えることができるようになりました。積極的に光明思想を持つことができるようになってから、変わることができ、さらに、成功体験を積むことによって、それが実力に変わっていったのです。潰れかけの教会を三つも立て直したら、俄然《がぜん》自信が出てきたわけです。

彼は、「自分は弱気で、引っ込み思案であったけれども、強い言葉や明るい言葉を好んで使うように訓練・修練することによって、言葉が自分を導くようになっていった」ということを言っています。自分が口から発した言葉は、耳から入ってくるので、ある意味で、自分自身を〝洗脳《せんのう》〟する力があるのです。

これについては、そば屋の出前を思い出したらよいでしょう。そば屋は、お客様から「出前が届かないけど、まだできないんですか」と訊《き》かれたら、「今、出ました！」と言います（笑）。そう言ってから、つくる場合が多いのです。「忘れていた」とかいうこともあるのでしょうが、とにかく「出ました」と言うわけです。

それでも、日本はまだ〝緩《ゆる》い〟かもしれません。以前、映画「スパイダーマン2」を観《み》たとき、スパイダーマンをやっている青年が、ピザの宅配をしていました。そのピザ屋は「三十分以内に着かなかったらタダになる」というサービスをしているのですが、ピザを届けている間に、強盗《ごうとう》とか、交通事故とか、いろいろなものに遭《あ》い、それらを助けているうちに時間に遅《おく》れ、〝タダピザ〟になってしまって、ピザ屋をクビになるのです。そういうシーンがあったと思います。

そのくらいの時間厳守だと、厳しいところはあるでしょう。スパイダーマンの場合、ほかの仕事をしていたから、そうなったわけですが。

そのように、世の中を見ると、自分の適性を見つけたり、自分の才能を見いだしたりするチャンスはいくらでもありますし、万が一、自分に向いていないように見えるものであっても、考え方を変えることによって、道を拓《ひら》くこともできるのです。そのへんを知ったほうがよいと思います。

「若返ろう」と思えば、外見も若返る

世の中には、感性的な人間もいれば、知性的な人間もいるし、あるいは、体力派の人間もいて、いろいろな人がいます。

もちろん、人間は、さまざまな要素の組み合わせで出来上がっているので、その〝ブレンド〟の仕上がりによって、人の出方は違うと思います。

あるいは、「異性にもてるか、もてないか」ということも、心掛けや職

業によって、ずいぶん変わってきます。性格が変わってくることもあるし、打ち出し方が変わってくることもあるのです。

私の場合、街を歩いていると、年齢《ねんれい》は、いつも、だいだい三十代後半と間違われてしまいます。まことに恐縮ですが、「三十代後半ぐらいでしょうか」と言われるのです。

私の長女は、外見が子供っぽく見えて、外国に行くと十三歳ぐらいに間違えられるのですが、その長女を連れて歩いていても、「えっ、お嬢《じょう》さんですか。そんなバカな。どう見ても、お嬢さんは社会人ではないですか。あなたは、社会人のお嬢さんがいるお父さんなんですか。ありえない」と言われたりして、私のほうがびっくりしています。

以前は、長女のほうが、まだ子供なのかと思われることが多かったのですが、最近では、大人として見られ、逆に、私のほうが若く見られるようになってきたのです。

そういうこともあるわけで、これは、「考え方等の打ち出し方による」ということです。

昨日、家内と買い物に出掛けて冬物の服を買ったのですが、合間の時間に店長と話をして、「家内とは年が二十九も違うんですよ」と言ったら、目玉が飛び出すようにびっくりしていました。「奥《おく》さんが年を取っているのか、あなたが若いのか、いったいどちらですか」とか、「へえー、そんなことがあるんですか」とか言って驚《おどろ》いていたのです。

やはり、考え方や感性の問題はあるでしょう。「そのようにしよう」と思えば、そのようになってくるし、「老《お》い込もう」と思えば、人は簡単に老い込むようです。

例えば、子供のことで失望したり、親のことで失望したり、きょうだいなど、いろいろなことでがっかりしたり、落ち込んだり、ショックを受けたりすると、ガッと十歳、二十歳老《ふ》け込むことは、よくあるのです。

逆のこともあって、反対に、考え方を変えて、「若い気持ちでいよう」と思えば、そのようになることもあります。

「目を治そう」と思えば、視力も回復する

この前、代々木の体育館で、アジアオープン選手権があり、幸福の科学学園のチアダンス部がエキシビション（模範演技）で出場しました。演技

を競うために出たのではなく、強豪校《きょうごうこう》ということで招待されたのです。

大会では、まず、出場校が演技をして点数や順位が付けられますが、それが終わったあと、ファイナルにエキシビションを行います。それに、幸福の科学学園のチアダンス部が出たわけです。

そこで、私は一応〝変装〟して、日中、代々木まで観に行きました。アジアのいろいろな国籍《こくせき》の方が来て、踊《おど》っていましたし、ロシアや台湾《たいわん》からも来ていたようです。また、観客にも日本人だけでなく、外国人もいました。

そして、〝変装〟するにあたって眼鏡《めがね》をかけたのですが、私の服を用意する人が変装用の眼鏡を間違えて、昔、使っていたものを出してきたらしく、かけるとボーッとかすんで見えなくなりました。階段などが見えないので、「これは何だろう？　どうしたのだろうか」と思ったら、実は十数年前に、一度使った眼鏡だったのです。

私は、長男が中学受験した頃、あることで精神的にショックを受け、瞬《しゅん》間《かん》的にというか、一週間だけ老眼になったことがあります。精神的老眼になり、「何だか新聞が読めない。近くが見えない。物がボーッとして見えない」という状態になったのです。

すると、周りの人は、「老眼になった」ということで、老眼鏡をたくさん買ってきて、あちこちに置いてくれました。私は、紐《ひも》の付いた老眼鏡を首からかけて歩いたりしていたのです。

しかし、一週間ぐらい経《た》ってから、「やはり、こんなことではいけない。目を治そう」と思い、眼鏡を使わずにいたら、一週間で元に戻《もど》りました。

精神的ショックを受け、「お先真っ暗」というような気持ちを持つと、目が見えなくなることがあります。これは本当にそうなのです。「お先真っ暗だ」と思うと、本当に目が見えなくなり、老眼鏡をかけると、その状態で目（視力）が固定してしまうのです。そこで、私は眼鏡を外《はず》して、元どおりにしたのです。

そのときの眼鏡が、最近たまたま間違って出てきました。今、使っている変装用の眼鏡には度が入っていないので、昔の眼鏡をかけて視界がかすんだときは、少しびっくりしたのですが、目でも、そういうことがあります。精神状態によって変化することがあり、それを固定的に捉《とら》えたら、決まってしまうことがあるのです。

そのように、「職業として、どのようにするか」ということが決まると、自分の振《ふ》る舞《ま》い方や動き方が変わっていくので、そのへんは大きいです。人に見られる職業であれば、やはり、人に見られることを前提にした動き方や感じ方があるでしょう。一方、人に見られない職業であれば、それなりのやり方もあろうかと思います。

ただ、世の中には、自分で勝手に〝年齢〟まで上下させてしまうこともありうるということです。心が老け込んだら、すぐに外見も老け込みますし、心が「若返ろう」と思えば、外見も若返るのです。

職業によって、若返ったほうがよい職業であれば、若返ることもできるでしょうし、「年を取ったほうがよい」と思う人は、そのようにすることもできると思います。

「自分はこうなりたい」と強く願えば、変わってくる

そういうこともあるので、与えられた条件で、すべてを決定論的に考えないほうがよいでしょう。いろいろと可能性がないわけではないし、あとから開発されてくる能力もあるのです。

例えば、私は学生時代、服装にまったくこだわらないタイプであって、二着ぐらいの服を交替《こうたい》で着て、半年ぐらい過ごしていました。さぞかし、迷惑《めいわく》だっただろうと思います。〝感覚ゼロ〟です。

ですから、当時、「女性にもてなかった」と一生懸命《いっしょうけんめい》に思い込んでいたのですが、もてなかったのではなく、「デートに着ていく服を持っていな

与えられた条件で、
すべてを決定論的に考えないほうがよいでしょう。
いろいろと可能性がないわけではないし、
あとから開発されてくる能力もあるのです。

かったので、デートをしなかった」というところもあったと思います。

半年ぐらい同じ服を交替で着ていたような気がします。当時は、服にお金を使う気がなかったのでしょう。「本代のほうに充《あ》てていた」ということだったのかもしれません。

そのように、考え方によって自己規定することもありますけれども、仕事によって、それを変えていくことは可能なのではないかと思います。

結局、「まずは『基本的な才能』について自分自身を振り返ってみる。それから、ほかのものとの接触《せっしょく》における『好悪《こうお》の感情』等を見る。どこかに自分のセンサーの感度が高いものがあったら、そのへんに何か才能がある場合があるので、そこも見たほうがよい。三番目には、『そのようなことは乗り越《こ》えて、さらに、自分はこうなりたいと強く願えば、変わってくることもある』ということも知っていなければいけない」ということです。

例えば、世界的企業をつくった松下幸之助《まつしたこうのすけ》さんは、何かの本に、「自分にうどん屋をやらせたら、日本一のうどん屋になってみせる」というようなことを堂々と書いています。

何となく、そう信じられる感じがします。もし松下幸之助がうどん屋をやっていたら、麺《めん》や出汁《だし》など、いろいろなものに打ち込んで、そうなっていたでしょう。「電器屋がうどん屋になっても、やれる」という気持ちを持っていたというのは、そのとおりだろうと思います。

お客様の気持ちをつかむ自信があったのでしょう。「サービス精神」と「ここのうどんはうまい

松下幸之助（1894～1989）
松下電器産業（現パナソニック）の創業者。

自分に向いている事業を選ぶためには

1. 「基本的な才能」について自分自身を振り返る。

2. ほかのものとの接触《せっしょく》における「好悪《こうお》の感情」等を見る。自分のセンサーの感度が高いものに才能がある場合があるので、そこも見たほうがよい。

3. 「そのようなことは乗り越《こ》えて、さらに、自分はこうなりたいと強く願えば、変わってくることもある」ということも知っていなければいけない。

と思わせる術」を心得ている気持ちが、おそらくあったのでしょう。

努力によって、生まれつきの特性を超《こ》えることもできる

そういう意味で、生まれつきの遺伝子で決定された自分の特性もありますけれども、最後はそれを超《こ》えて、それを感じさせないような努力を自分に課していけば、できるようになることもあります。

映画俳優のトム・クルーズは、すごいマッチョマンに見えます。映画「ミッション：インポッシブル」シリーズでは、崖《がけ》を登ったり、ドバイにある高さ八百メートルのビルをペタペタと登ったりするので、「ものすごくごっついい男なのだろうな」と思うでしょう。

実は、彼は私ぐらいのサイズです。私とサイズは変わらないのです。日本人として見ても、別に大きくも何ともない、普通《ふつう》のサイズです。そのため、彼が出演するときは、周りの役者をみな小型の人に変え、巨《きょ》大《だい》なアメリカ人をあまり出さないようにしているようです。女優も、サイズを合わせるのが大変らしいのです。

筋肉だけ鍛《きた》えて、すごく見せているという感じでしょうか。それで、十分、体力派に見えるわけです。もちろん、運動神経はよいのだろうと思います。

そのように、スーパーマンのような感じの方ではなくても、役柄《やくがら》を得れば、そのように演じることはできるわけです。

「私のサイズはトム・クルーズと近い」と言っても、みなさん、半信半疑で、なかなか聞いてくれないのですが、作家の曽野綾子《そのあやこ》さんが、ある本のなかで、「私のサイズと、マリリン・モンローのサイズが同じだった」ということを自慢話《じまん》のように書いているのは、老いの繰《く》り言《ごと》に聞こえて仕方がありません。

「マリリン・モンローが亡くなったときのサイズを聞いたら、体重と身長は、当時の私と同じだった」ということを、八十代にもなって書いているのです。「いいかげんにしてほしいな」と思いますが、おそらく、各部位の大きさは違っただろうと思われます。その本には、「出ているところと引っ込んでいるところは違ったが、体重と身長は同じだった」というようなことが書いてありました。

若干《じゃっかん》、見苦しいところもありますが、そう思い込めば、幸せに生きられる場合もあるかもしれません（笑）。「人生、捨てたものではない」と考えるのも、幸せな生き方でしょう。

人から笑われるとは思いますが、笑われても、そのことが分からなくなってきたら、それもまた、それなりに幸福な人生です。笑われていても感じなくなってきたら、それは「厚《あつ》かましい」ということです。厚いピザのようなものでしょうか（笑）。

ただ、ありがたい話でもあります。〝神経〟が通らなくなり、感じなくなったら、やはり、うれしいだろうと思います。

そういうこともあるので、「心の持ちようで、人は変わることもある」ということを知っておいたほうがよいでしょう。

4　事業の種をどう探すか

リクルートの江副浩正《えぞえひろまさ》に学ぶ「事業の種の探し方」

そういうことを前置きにして、今日は、「経営の創造」に関して、新しく事業をつくっていく際に心掛けねばならない点等についての話をさらに進めることができればよいかと思います。

まず最初に、例えば、銀行でもよいし、友人でもよいし、親でもよいのですが、「ある程度、お金を出してくれる」「まとまったお金を貸してくれる」というときに、「事業を始めて何をやるか」ということで迷うことがあると思います。つまり、事業の種の探し方の問題があるわけです。「何をもって事業の種にするか」ということについて悩むことも、いろいろあろうかと思いますが、一つのヒントとして、最近亡くなられたリクルートの江副浩正《えぞえひろまさ》さんは、確か二種類のことを言っていました。

一つには、「事業の種を探すには、新聞の広告欄《らん》をよく見ることだ」と、彼は語っています。リクルートは、基本的に広告会社ですが、その広告会社の人が、何のことはない、「毎日毎日、新聞の広告をしっかり、じーっと見ていたら、事業の種がたくさん転がっている ことが分かる」と言っているのです。これは、あ

江副浩正（1936 ～ 2013）
リクルートの創業者。

る意味では当たっています。

新聞には、週刊誌の広告から始まって、不動産の広告や人材採用・求人広告まで、いろいろなものが載《の》っています。「これをずっと見ていると、世間の求めているものが何であるかが分かる」というのは、そのとおりなのです。

週刊誌等の見出しは、今、どのようなことが話題になっているかを表しているので、旬《しゅん》の話題は何かが分かりますし、本の広告を見れば、今、どの手の本が売れているかがよく分かります。

少し前は、『○○する人、□□する人』とか、『○○する女、□□する男』とかいうタイトルの本が、一時期よく出ていたこともあります。

最近の広告を見ると、数字を入れる書籍《しょせき》広告が多いです。『○○ができる1％の人』『99％の人が見落とす□□』、あるいは『7日で完成する△△』『3日で美人になる法』『2週間で英語がペラペラになる○○』という感じでしょうか。また、『□□ができるようになるためのマンション探しで、間違《まちが》わないための45の方法』というように、端数《はすう》を付けることもよくしています。

このように、広告を見ていれば、例えば、「今、数字を使って気を引く手が流行《はや》っている」ということが分かるわけです。

本の広告であれば、どの手のものが売れ行きがよいのかが分かるし、週刊誌の広告であれば、今、下界《げかい》で何が話題になっているかが分かります。

それ以外に、求人広告等を見れば、「今、どういう業種は人を求めているか」ということで、景気が分かります。「どの業界で、人を募集《ぼしゅう》しているか」というのを見れば、それが分かるわけです。

あとは、不動産広告には、「どういう所で、マンションや土地の売り出しがあるか」など、いろいろと出ています。

リクルートという会社は、就職情報を中心として、不動産物件など、いろいろな情報を扱《あつか》っていますが、江副さんは、「広告を見ることが、飯《めし》の種の始まりだ。広告を見れば、世間で今、何が必要とされているかがよく分かる。灯台もと暗しだが、意外にそういうところがある」というように言っていたのです。

もう一つには、「人の話を聴《き》きなさい」ということをよく言っていました。「人の話のなかにヒントがあることが多いので、できるだけ人の話を聴きなさい」「外飯《そとめし》を食いなさい（社外の人と会食すること）」、あるいは、

「会議をしても、意見をどんどん言わなければ意味がない。みんなでシャンシャンシャンシャンと手締《てじ》めをして終わるシャンシャンパーティーのように、判子《はんこ》をつくだけの会議は、あまりよろしくない。やはり意見を言わなければ駄目《だめ》だ。その意味で、耳をもう少し使いなさい」ということをよく言っていたようです。

ただ、本当に大事なことは言わないこともあるので、それだけで事業の種を発見できるかというと、少し納得がいかない部分もあります。

リクルートの江副浩正《えぞえひろまさ》に学ぶ
「事業の種の探し方」

1.

毎日毎日、

新聞の広告をしっかり、じーっと見る。

2.

人の話のなかにヒントがあることが多いので、

できるだけ人の話を聴《き》く。

「よそからまねされるもの」「よそにまねできないもの」をつくる

また、セブン - イレブンのリーダーをしている方は、「よそのコンビニには入らない」と言っています。普通《ふつう》は、同業他社のコンビニに入り、品《しな》揃《ぞろ》えを見て、比較《ひかく》するものだと思いますが、その人は、「同業他社のコンビニには寄らない。見ると、まねをしたくなるので、見ない」と言っているのです。

そういう経営者もいます。ただ、どこまで本当のことを言っているかは分かりません。もしかしたら嘘《うそ》かもしれませんが、公表しているものでは、そのように語っています。

業界でナンバーワンであるという自負もあるのかもしれません。「よそが自分のところをまねするべきであって、自分がよそのところをまねすべきではない」という考えなのかもしれません。

その人は、「データを分析《ぶんせき》して、何が売れ筋かという情報をいち早くつかみ、そういうものを仕入れて売る」というような、データ主義をとっている方ですが、「同業他社の陳列《ちんれつ》のまねはしない」と言っているのです。

嘘かもしれません。社員に「よそを見るな」と言っているだけで、本当は、本人は見て歩いている可能性もないわけではありません。そういうことはよくあるのです。あるいは、自分だけよそを見ていて、社員には「よそを見るな」と言っておけば、社員には、自分の発言がものすごく斬新《ざんしん》に聞こえるでしょうから、それをやっている可能性もないわけではないのです。多少、疑問の余地がないわけではありませんが、公称《こうしょう》としては、そう言っています。

ただ、この考え方はあることはあるのです。つまり、「まねをするな」という考えです。「同業種間では、すぐにまねをしたくなるけれども、人がその方法でやり、うまくいっているからといって、それをまねして二匹目のドジョウを狙《ねら》うようなことばかりしていると、だいたい廃《すた》れていくので、駄目だ」ということは、やはり、あると思うのです。

要するに、研究といっても、まねをするだけの研究になるのであれば、あまりよろしくないということです。

逆に言うと、「逆張《ぎゃくば》り」をすれば、よその品揃えとか、開発したものとかを見て歩いても構わないのです。ただ単にまねをしようとするのではなく、「うちは違うことをやってみよう」という考え方にもっていけるのであれば、よいのです。

まねをするのではなく、まねをされるようなものをつくる。あるいは、よそがまねをしたくても、まねができないようなものをつくっていく。ここまでいけば、「差別化」は決定的なものになるでしょう。

そういう意味で、勉強や研究はしなければいけないし、世間がどうなっているかについてもよく知っていなければいけませんが、「ただ単にまねをして、いけるほど、簡単なものではない」ということも知っていなければいけません。

やはり、人がやらないことをやらなければ、新規に立ち上げて流行らせることは、なかなか難しいのです。

やはり、人がやらないことをやらなければ、
新規に立ち上げて流行らせることは、
なかなか難しいのです。

人がやらないことをやるにしても、研究を怠《おこた》ってはならない

ただ、人がやらないことをやるといっても、「自分中心型」に物事を考えると駄目なことがあります。

私も街をよく見ているのですが、「よく潰《つぶ》れる店」というのがあります。レンタルの店舗《てんぽ》ですが、「次々と新しい店が出ては、潰れる」という所があるのです。おそらく家賃が高いのでしょう。そこに店を出す人は、「場所柄《がら》から見て、そのくらいの家賃でよい」と考えるのでしょうが、思ったほど客が入らず、撤退《てったい》していくのです。場合によっては、年に三回ぐらい店が替《か》わる所もあります。場所があまりにもよいので、すぐに入りたがる

のですが、撤退していくのです。

最近では、そこに新しい店が開店して花輪を飾《かざ》っているのを見ると、賭《か》けではないのですけれども、「いつごろ潰れるか」ということを周りの人に言ったりすることが、趣味《しゅみ》のような感じになっています（笑）。「そろそろ潰れるから、何か一つぐらい買ったほうがよいかな」などと言っていて、しばらくすると、本当になくなっていることがよくあるのです。

その近所に住んでいる住人は、その場所で、いろいろな店がずっと〝回転〟してきているのを見て、「こういうものは潰れる」ということを知っているので分かるのですが、そこに出店した人は、自分のところのブランドなどに自惚《うぬぼ》れているので分からないことがあるのです。

ですから、研究が駄目だというわけではありません。また、ブランドがあるから成功するとも限らないのです。

例えば、コンビニであれば、あるコンビニが潰れて、そこに別のコンビニが入るというのは、しょっちゅう起きています。そして、同じ場所であっても、品揃えが違えば、生き延びる場合もあります。

それから、交差点を挟《はさ》んで両側にコンビニがある場合は、「どちらかが潰れる」というケースはよくあります。

実際、コンビニ戦略においては、ランチェスター法則を使って、相手の店を潰すところまで、競争戦略をかけていることが多いのです。「当社がここに一つ点を打てば、相手の店を三角形で囲めて、潰せる」という感じでしょうか。客を奪《うば》うことを計算した上で相手を潰していくような「陣地《じんち》合戦」をやっているところもあるので、世の中、なかなか油断はならないのです。

したがって、同業他社の動きもよく見なければいけません。

他が追随《ついずい》できないものをつくって成功した国際教養大学

基本的には、「人がまだやっていないような独創的なもので、よそが追《つい》随《ずい》できないもの」か、「追随するのに、かなりのタイムラグ（時間差）があるようなもの」を開発した場合には、付加価値は非常に高くなります。

すぐにまねできるようなものの場合には、付加価値は低いし、「同種のものには、ほかにもよいものがたくさんある」と、みなが信じているような場合には、苦戦を強《し》いられることになります。

しかし、「斬新で、他の追随を許さないもの」、あるいは「ほかのものがまねをしても、そう簡単に追いつけないもの」をつくってしまえば、やれることがあるのです。

例えば、今、世間では、大学がよく潰れているので、当会が大学をつくろうとしていることに対し、「潰れる業界に進出して、ご苦労なことですね」と思っている人が、おそらく、たくさんいるのではないでしょうか。

「宗教が大学をつくっても、他宗の信者や無神論者は来ないので、〝客〟を集めるのは、さぞかしご苦労なことだろうな」と思っている人たちが、大勢、外から当会のことを見ているのだろうと思います。

ただ、不況期であろうとも、あるいは、大学が淘汰《とうた》される時代であろうとも、人気が出るところもあります。

例えば、秋田県の国際教養大学が、そのモデル校として、よく研究されています。ここは、破綻《はたん》した大学の施設《しせつ》等を買い取って、そこに入った新しい大学ですが、「秋田の田舎で、授業をすべて英語で行う」という大胆《だいたん》なことをやってしまったら、大変な人気が出てしまったのです。今、東大とどちらが難しいか分からないぐらいの人気であり、「就職率は百パーセント」と言われています。

授業をすべて英語で行うのであれば、秋田にいて国内留学をするようなものです。卒業までずっと英語を使っていたならば、会社に採用されたあとも、英語をしゃべれるでしょう。「英語が要《い》る会社ならば、使える」ということで、就職率が百パーセントという大学もあるのです。

すべて英語で授業を行うのはなかなか大変なことでしょうし、田舎に外国人の教員を集めるのも大変なことでしょう。しかし、それによって、「同じ場所で、前の学校は潰れたにもかかわらず、その学校は成功している」ということが起きているわけです。

このように、他が追随できないようなものをつくってしまえば、成功する場合もあるのです。そういうことが言えるのではないでしょうか。

「目からの情報収集」が得意な人の注意点

とにかく今は、広告など、いろいろなものをよく見ることや、いろいろな人の話を耳から聴くことの大切さについて述べました。

ただ、人間には、「耳で聴くのが得意な人」と、「目で読むのが得意な人」との二種類があるので、その特徴《とくちょう》の違いは知っておいたほうがよいでしょう。

　例えば、ダイエー創業者の中内㓛《なかうちいさお》さんは、非常に本を読む方であり、蔵書が五万冊ぐらいあって、会長室も本で溢《あふ》れていたようです。そして、本をたくさん読み、着想に生かしていたようですが、あまりに長く経営をやりすぎたために、晩年は、若干《じゃっかん》、アイデアが枯渇《こかつ》した感じがありました。つまり、日本の経済構造が変わっていったときに、十分に舵《かじ》を切れなかった面があったと思うのです。

　確かに、彼の場合、「発想の泉は、読書から来ていた」という面はあります。しかし、その分、ほかの人の意見も十分に聴いていたかどうかはよ

中内㓛（1922 ～ 2005）
ダイエーの創業者。

く分かりません。業種上、お客様のことは気にしていたと思いますが、社内で、社員の意見を聴いていたかどうかは分からないのです。

人より少し早く、「これはいける」と見抜けるかが勝負

とにかく、事業の種を探す場合には、いろいろな情報を集めて分析しなければいけません。それについて努力しなければいけませんが、やはり、「どのへんに目を付けるか」という、目の付けどころが大事だと思います。

やはり、テンポが遅《おく》れたら物事は成功しないので、何でも、人より少し早く、見破るというか、見抜かなければいけません。

遅い人になると、ピークが来て世間がワアワア騒《さわ》いでいるときに、やっ

と乗り出すような人もいます。そのときは、だいたい手遅れなので、そういうタイプの人は失敗することが多いのです。

株で言えば、みなが売り抜けているときに、一生懸命《いっしょうけんめい》、買いに入るようなことをしたら駄目であるのと同じです。これから株価が上がっていくようなときに買うなら儲《もう》かりますが、みなが買うような状況になったら、もう、下がるしかないようなこともあります。

つまり、みなが知ってしまうと、それはもう駄目になってしまうので、みなが知る前の段階で、「この数字なら、これはいける」とかいうことを見破れるかどうかが勝負かと思います。

そのへんが分かるようであれば、だいたい、仕事は成り立つでしょう。

みなが知ってしまうと、
それはもう駄目になってしまうので、
みなが知る前の段階で、
「この数字なら、これはいける」ということを
見破れるかどうかが勝負かと思います。

5　事業を長く続けて成功するためには

どのような業種でも、「老舗《しにせ》の味」的なものは必要

ただ、それは、生き馬の目を抜くような、短い期間での商売ではありえても、長く続けるものであったら、それだけでは少し足りないものがあります。

長く続けて成功していくためには、どのような業種であっても、ある意味での、「老舗《しにせ》の味」的なものを出さなければいけないと思うのです。

老舗の味というのは、別に食べ物だけではなく、ほかのものにも言えるのですが、要するに、「長く蓄積《ちくせき》された経験や知識や情報、洗練された感覚等」のことです。こういうものを、他の追随《ついずい》を許さないぐらい持っていなければ駄目《だめ》なのです。

アウトプットするものは、基本的には、インプットしたものと似たものが出てくることが多いので、一応、「どのようなものを、商品やサービスとして、外側に出そうか」ということを考えたならば、やはり、原材料としては、それに近いもの、そういうものがつくれるようなものを、インプットしなければいけないでしょう。そのへんの努力はしたほうがよいと思います。

例えば、小説家であれば、毎日、原稿《げんこう》用紙のマス目を埋《う》めて原稿を書か

長く続けて成功していくためには、
どのような業種であっても、
ある意味での、「老舗《しにせ》の味」的なものを
出さなければいけないと思うのです。

なければいけませんが、今はパソコンで打つのかもしれませんけれども、毎日のように、たくさん本を読んでいなければ出てこないでしょう。やはり、「原材料」と「出てくるもの」とは親近性があることが多いので、そういう努力は要《い》るのです。

もちろん、旅行作家やエッセイスト等であれば、本を読むだけでは駄目で、旅をしたりしなければいけません。旅をしたり、いろいろな所を歩いたりする習慣を持っていなければなかなかできないし、旅先で人の話を聴《き》く習慣も必要でしょう。そういうこともあろうかと思います。

基本的には、「自分が好きなものを何か外に出そうとするならば、インプットとして、似たようなものが必要である」「イチローのようにバットを振ってヒットを打ちたければ、その前に、きちんとバッティングマシーンで打つ練習をしなければならない」ということなのです。

そういう意味で、結果にふさわしい準備の部分が大事です。原因・結果の法則は、だいたい、仕事においても貫《つらぬ》かれているので、持ち来たらしたい結果にふさわしい原因行為を積み重ねていくことが、基本的には大事なのです。

例えば、板前として一人前になりたいと思えば、十年ぐらい修業《しゅぎょう》することが普通《ふつう》です。旅館を二つ三つ回って板前修業をしたり、あるいは、人によっては、フランスやイタリアまで修業に行ったりする人もいます。やはり、そうした仕込《しこ》みがなければ、日本で店を出したり、一流店で働いたりすることはなかなかできないのです。

そういうことがあるので、まずは、自分が外に出したいもの、売りたいもの、広めたいものの「原材料の部分」を十分に咀嚼《そしゃく》して吸収する必要があります。

プラスアルファとして、どのように付加価値を付けるか

宗教家の場合、「宗教の説法《せっぽう》がよくできるようになるには、どうすればよいか」ということですが、基本は、野球のバッティングと同じです。宗教家としてよい話をしたければ、宗教の話を人よりもしっかりとよく読んだり聴いたりしておくことが基本でしょう。それに、プラスアルファとして、何か〝味付け〟や〝彩り《いろど》〟を付けることです。

「自分なりの味付けや彩りが少し付く」というところに差別化は必要か

もしれませんが、そちらだけでいくのは、少し無理があります。料理でいえば、基本の料理をつくれなければ、いくら、もみじで飾《かざ》っても駄目なのです。もみじで飾ったり、銀杏《ぎんなん》を付けたりしたぐらいでは駄目で、やはり、基本的な料理ができなければいけないということです。

基本的な「原因・結果のところ」をきちんと押《お》さえながら、それに、プラスアルファとして、「多少の彩り」や「自分なりの感覚」を付け加えることが大事です。

このへんの付加価値のつくり方は、実に難しいものであり、「どのように付加価値を付けるか」ということは、みなが悩んでいるところです。

「付加価値を付ける」というか、「価値の創造」、

『忍耐の時代の経営戦略』（幸福の科学出版刊）では、「付加価値のつくり方」について、さまざまな事例を紹介しながら説いている。

つまり、「それまで価値がなかったものに、一定の価値を持たせる」というのは、本当に難しいことだと思います。

例えば、学校で十分に勉強が間に合っているとしたら、「さらに塾産業《じゅく》を流行《はや》らせて、平日の夜や土日に、塾のほうへ子供を呼べるようになるか」というと、やはり、学校よりよいものを提供しない限り、基本的には来てくれません。お金もかかりますからね。

それと同じように、プラスアルファの何かがなければ、大事な時間やお金を割《さ》いて、人は来てくれないのです。もちろん、地の利が悪い所ほど、内容的によくなければならないということは言えるでしょう。

「異質なものの結合」によって、サプライズを生み出す

それから、最終的な製品なり、商品なり、サービスなりを完成させて、最後、お客様に提供する際に、「それまで勉強してきたことや研究してきたこと等を、どのように結びつけて、最終的な仕上がりというか、結晶化《けっしょう》を進めていくか」ということが当然あるわけですが、このへんの最終仕上げのところには、とても難しい部分があると思います。

人間は、どうしても、自分中心に世界が回っているように考えてしまいがちであり、「お客様が判断していくことの積み重ねが、業績につながっている」ということが、なかなか分からないことが多いのです。そのため、

「自分ができることしかしない」ということが、基本的には多いのですが、そうすると、客はだんだん減っていくことがあります。そういう厳しさはあるのです。

したがって、いろいろなものを勉強したり、集めたりしなければいけないのですが、最後は、それを〝化《ば》け〟させなければいけない面があります。つまり、何らかの「サプライズ」がないと、やはり、よくありません。サプライズを入れることです。

サプライズとはいったい何でしょうか。それは、いわゆるイノベーションの基本的な定義のなかの一つにあるものとよく似ていると思います。

イノベーションについては、「異質なものの結合」ということがよく言われており、「異質なものを結合させることによって、イノベーションが起きる」と言われています。

普通、「イノベーションとは、まったく新しいものをつくり出すこと」と考えられがちです。もちろん、それでも構わないのですが、いつもいつも、まったく新しいものをつくり出せるわけではありません。

ですから、能力的にそこまでいっていない人の場合は、イノベーションとして、基本的には、異質なものを結合させる努力をしていけばよいでしょう。まったく違うものを結合させてみると、面白くなってくることがあるわけです。

そして、そのへんの結合の面白さが「最終的なサプライズ」を生んでいくのではないでしょうか。

サプライズの例①　ブランデーで、アイスクリームを燃やす

喫茶店《きっさてん》というのは、コーヒーや紅茶を飲んだり、ケーキを食べたりするのが普通のスタイルですが、場合によっては、レストランなどで、ときどきあるようなサービスをするところもあります。

例えば、お客様にクレープやパイのようなものを出すとき、ライトを消して暗くし、その場でブランデーをかけて火をつけ、バッと燃え上がらせて、「おおおぉ！」と驚《おどろ》かせるような喫茶店もあるのです。

夜のディナーであれば、このくらいの芸をするところは多いでしょうが、お昼のケーキぐらいで、そういうことをするところとなると、数はかなり少なくなるでしょう。できるところは非常に少ないと思います。

場合によっては、アイスクリームを盛りつけたところに、ブランデーをかけて火をつけ、バッと燃やすこともあります。「アイスクリームを燃やす」という、常識的には考えられないようなことを平気でやるのです。

アイスクリームでも、ブランデーをかければ燃えます。燃えるけれども、全部が溶《と》けてしまっては話にならないので、「全部は溶けないように、上手に焦《こ》げ目だけ少し残して、炎《ほのお》が消える技術」等を持たなければいけません。アイスクリームが全部溶けたら商品としてはアウトなので、当然、技術が要るわけです。

ただ、衝撃《しょうげき》は衝撃です。初めて見た人には、やはり衝撃が走るでしょう。「そんなバカな」というところでしょうか。

サプライズの例② アイスクリームの天ぷら

もっとすごいところになると、アイスクリームを天ぷらにして出すところもあります。ここまでくると、もう感心します。普通の天ぷらでは面白くないので、アイスクリームを天ぷらに揚《あ》げてしまって、出してくるところもあるのです。

油のなかに入れたアイスクリームを、頃合《ころあ》いを見計らって出すためには、腕《うで》が要るでしょう。そうとう腕に自信がないと、非常に下作《げさく》なものが出来上がると推定されます。その場合、「いいかげんにしろ」と言って、怒《おこ》り出す客もいるかもしれません。

ただ、薄《うす》い衣《ころも》で、アイスクリームが溶けないうちに見事に天ぷらが揚がり、芸術的に仕上がったら、サプライズでしょう。普通の天ぷらを食べたあと、アイスクリームの天ぷらが出てきたら、サプライズだと思います。

このように、普通はありえないような組み合わせを完成させる技術があると、「差別化」は非常に進んでいくのです。

このへんのことを考えるためには何が必要でしょうか。もちろん、知っていれば、できます。要するに、「周りにはないけれども、ほかの所には、そういうサービスがある」ということを知っていれば、その知識を手に入れて、できることもあります。また、旅行等をして、「日本国内では経験がなくても、海外では、やっている」ということをたまたま知り、仕入れることもあるでしょう。

ただ、それでも感度が悪ければ、気がつかずに通りすぎ、気がつかない

普通はありえないような組み合わせを
完成させる技術があると、
「差別化」は非常に進んでいくのです。

ままに終わっていくので、「感度のよさ」は要ると思います。

サプライズの例③　早く紅葉した、季節外《はず》れのもみじの葉

新規のものは、やはり、「意外性」、あるいは「異質なものの組み合わせ」からできます。

この前、テレビを観《み》ていると、「徳島県の上勝町《かみかつちょう》で、七十代、八十代のおばあちゃんたちがビジネスを起こしていて、年収一千万円を超《こ》える人もいる」というのを特集していました。

料理に、もみじの葉っぱなどを付けて出しますが、紅葉したものは付加価値を生むので、一パック五、六百円で売れるようです。それで、けっこうなビジネスになっているのです。

上勝町は人口が千数百人しかいない村ですが、そこで何億円かのビジネスが立ち上がっていて、「年を取ってからも収入があるのはありがたいことです」というような声を紹介《しょうかい》していましたが、テレビを観ていると、すごいのです。

おばあちゃんたちは、山で葉っぱを探しているとき、タブレット端末《たんまつ》で情報を得ているのです。もう目が飛び出しそうになりました。「〇〇旅館から注文が来ました。もみじの追加が〇個です」といった情報を入手すると、即《そく》、山で刈《か》り入れをしているのです。これは、なかなかすごいです。大きなビジネスになるとは思いませんが、お年寄りには、生きがいを感じているところがあるようです。

しかも、もみじの赤を出すための工夫までしています。普通は、一定の季節にならないと赤く紅葉しないのですが、古い葉っぱを早めに摘《つ》んでおくと、次に出てきた葉っぱは、赤く紅葉するのが、例えば一カ月なら一カ月だけ早くなるらしいのです。

つまり、「よその山ではまだ紅葉していないのに、そこだけ紅葉したもみじの葉を出せる」ということで、その時間差で、商売が十分に成り立つわけです。

普通の人は、「古い葉っぱを早めに摘んでおくと、次に出てきた葉っぱは赤くなるのが早くなる」ということは、なかなか知らないでしょう。ですから、それを知っていると、その知恵《ちえ》をもとにして商売ができることもあるのです。

そして、早く紅葉した季節外《はず》れのもみじの葉が、京都の店であろうと、大阪の店であろうと、どこの店でもよいのですが、料理に付いて出てきたならば、ちょっとしたサプライズにはなるでしょう。

このように、予想外の結合、人が考えていないような結合をすることで、「新しいもの」を生み出すことができます。

サプライズの根底にあるものは「人を楽しませよう」という気持ち

その根底にあるものは、いったい何でしょうか。根底には、意外に幼心《おさなごころ》のようなところがあるのです。

幼心というか、「人を喜ばせてあげよう」とか、「楽しませてみよう」とかいう気持ちが、やはり、あると思うのです。「人を楽しい思いにさせてみよう」というか、「こんなことをやったら喜ぶのではないかな」というような企画力と言えば、企画力でしょうか。子供時代で言えば、悪さであったり、遊びを思いついたりするような能力かもしれませんが、「それが大人になったとき、どういうかたちで、もう少しレベルアップして、お金に換《か》わるようなものに変わるか」ということです。

要するに、「遊び心」や「企画力」、「思いつくアイデア力」のようなものを、いったい、どういうところから引っ張り出してきて、成果を出していくかが大事なのです。

このときには、自分が今やっている仕事とできるだけ距離《きょり》があるものを、いろいろと研究していくことです。その距離感の部分が、「意外性」を生むことがあるのです。

これは、ダムでいうと、「ためた水を落下させる距離」（落下速度）と「落下させる水の量」とで発電量が変わってくることと同じです。また、野球では、カーブだって、落差があればあるほど打ちにくいでしょう。ストーンと落ちるカーブはなかなか打てないのと同じです。

やはり、「自分の今やっていることと少し距離のあるところに、どれだけ関心を持つか」ということが非常に大事なのです。

マンネリ化すると、リピーターがだんだん来なくなる

当会で言えば、支部で支部長をやったり、精舎《しょうじゃ》で講師や館長をやったりしていて、「だんだん、マンネリ化してきて、人が来なくなってきた

な」と思ったなら、やはり、〝仕入れのところ〟に少し問題があります。万年、同じことをやり続けていると、だんだんリピーターが来なくなるのです。

では、「リピーターを呼ぶためにはどうするか」ですが、やはり、どこもリピーターを呼ぶ努力はしているものです。

今は行っていませんが、私は昔、京都の老舗旅館にも泊《と》まったことがあります。教団が大きくなると、私は〝貧乏《びんぼう》〟になり、〝世知辛《せちがら》く〟なって、ギュウギュウと時間管理され、自由がなくなってきています（笑）。昔のほうが、もう少し暇《ひま》が多く、豊かにリッチに時間を過ごせ、京都に行けば、老舗旅館に泊まったりするぐらいの余裕《よゆう》はあったのです。

今は全然ありません。日帰りをさせられることも多く、泊まることはなかなかなくて、泊まる場合でも、よく駅の上のホテルになります。ところが、昔は、リッチな余裕もあって、「歴代の総理大臣がここへよく泊まっていました」とかいうところに、泊まることもあったのです。

そういうところに、私は、同じ時期に何回か泊まったことがあるのですが、例えば、五月に泊まったとき、「五月なら、鮎《あゆ》の塩焼きが出なければいけない時期ですね」と一言もらしたら、いちばん老練な仲居《なかい》の顔がサーッと変わりました。それを今でも忘れません。客に料理を覚えられているのは恥《はじ》なのでしょう。

「この季節なら、小さな鮎の塩焼きが出てくるはずですが」と一言言うと、顔色が変わりました。そこは老舗旅館でしたが、料理を客に覚えられているのは、やはり恥なのだと思います。

普通の日本旅館というのは、一見《いちげん》さんは二泊《はく》より長くは〝泊まれない〟ようになっています。二泊分は料理を変えられるようにしていますが、三泊されると出すものがなくなるのです。普通、三泊する人はいないため、だいたい二種類の料理で、一つの季節は回しているわけです。

要するに、その旅館は、「同じ季節に、繰《く》り返し泊まりにくる客がいる」ということまで、カウント（計算）ができていなかったのだと思います。出てくる料理を先に当てられ、顔色がサーッと変わっていったのを見て、「プロとしては衝撃だったのだろう」と思いましたが、ほかにも、そういうことはあるでしょう。

老舗《しにせ》であっても、クレームに対応していく部分を持て

また、幸福実現党の新しい党首（釈量子《しゃくりょうこ》）は、温泉巡《めぐ》りが趣味《しゅみ》のようですが、「栃木《とちぎ》県の某《ぼう》温泉に泊まったら、ゆでガエルが浮《う》いていた」という話を何かに書いていました。ゆでガエルというのは、「温度がだんだん上がっていることに気がつかずに、ゆだってしまって逃《に》げられなくなる」というのが定説だったのに、最初から、ゆでガエルだったそうです。

「旅館の人に訊《き》いたら、『大雨が降ったので、隣の池と間違えて飛び込んだのでしょう』と言っていた」と書いていましたが、そこに旅館の名前が書かれていたならば、危なかったでしょう。もう、来る人はいなくなりま

す。

ですから、クレーム処理は非常に大変なことなのだなと思います。

あるいは、同じように老舗旅館に泊まっても、ある所では、とても臭《くさ》いタオルが出てきたことがありました。これは、基本的に京都の水が悪いのです。琵琶湖《びわこ》の水を引いていることもあって、水が少し臭く、長く使っていると、その臭さが付いてしまうのです。

それから、消毒用にカルキ（塩素）もかなり使っているので、茶の湯は、京都が本場のように言いますが、本当は、京都の水はあまりよくありません。東京の水道水は十分においしいですが、京都の水道水はあまりおいしくないのです。

そのため、繰り返し洗っているうちに、タオルにだんだん臭《にお》いが付いていくのですが、毎日、少しずつ臭いが付いていくために、なかにいる人には分からないわけです。

私は、そこの旅館を去るとき、出口で立ちながら、クレームを書く用紙か何かに「タオルが臭い」と書いたら、客室担当の人は顔が真っ青になっていました。客が、そういう紙に書く場合は、悪口や何か悪いこと、クレームなどを書くに違いないので、もう真っ青になっていましたが、だいたい、そういうことを書いたところには、もう泊まらなくなるものです。

ですから、老舗もよいのですが、やはり、クレームに対応していく部分がないといけません。そうでないと、客がだんだん離れていくこともあるのです。このへんは大事です。

腕利《うでき》きの営業マン、売り手の店長に共通することとは？

それから、腕利《うでき》きの営業マンというか、売り手の店長やマネージャーなどがいるようなところは、客の名前や職業、以前に買ったもの等をよく覚えているので、驚くときがあります。

一年ぶりに行っても、一年前に話した会話のエピソードを見事に再現したりする場合があるので、引っ繰り返るぐらい、びっくりすることもあります。一年間にどれだけの客が来ているかと考えると、実は、ものすごい数の客が通りすぎているはずですが、一年前の会話を再現する人がいるのです。これには参ります。

あるいは、名前でも、下の名前までパッと挙げてきたりするような意外性が出てくると、びっくりすることがあります。

そのように、ホテル、あるいは、いろいろなお店でも、けっこうレベルが上がってくると、記憶力がやたらとよいことに驚きます。

企業努力を何かしているはずで、おそらく、関係のあることを一生懸命《いっしょうけんめい》にメモに取って覚えようとするなど、いろいろしていると思います。

ホテルのドアマンも、優秀《ゆうしゅう》な人になると、「一、二万人ぐらいの人の顔と名前、職業などを覚えている」とよく言われていますが、覚えるのは大変でしょう。どのような人が来るかは分からないので、新聞等に顔写真付きで載《の》っているものなどを切り抜いて、それをノートに貼《は》り、毎晩パラパラと見ているのだと思います。

もし、当会の精舎の館長等が、来ている信者さんの顔と名前を同じように覚えていたら、これ一つだけでも、リピーターは増えるでしょう。「○○支部の□□さんですね」と言って、「え？　なぜ覚えているんだろうか」と思っていただくだけでも、固定ファンはどんどん増えてくるでしょう。

このように、よそが当然やっているようなことを、もし、やる人が出てきたら、それだけでも、リピーターが増えることはあります。

やはり、人というのは、「自分のことを覚えてくれている」とか、「名前を覚えてくれている」とか、「自分の趣味を覚えてくれている」とかいうことに対しては、驚きを感じることがあります。しゃべったことは忘れたりすることもありますが、人が覚えていることに対しては、すごく感動することがあるので、そういう意味では、これは、まだまだ大事なことです。

人というのは、
「自分のことを覚えてくれている」とか、
「名前を覚えてくれている」とか、
「自分の趣味を覚えてくれている」
とかいうことに対しては、
驚きを感じることがあります。

例えば、学校であれば、生徒の顔と名前を早く覚えられる先生は、やはり優秀でしょう。生徒のいろいろな情報を頭にインプットでき、さらに、できれば家庭状況《じょうきょう》までインプットできるような先生であれば、生徒に慕《した》われるのは早いでしょうし、そういうところでは、学級崩壊《ほうかい》も非常に起きにくいだろうと思います。

学級崩壊が起きやすいところの先生は、だいたい、押しつけ型の授業をしていることが多く、それぞれの生徒の個性や能力をつかみ切れていない場合が多いだろうと思うのです。

サプライズで同業他社に圧倒《あっとう》的な差をつけよ

そういうことで、事業経営は、自分の適性に立ってやらなければいけないし、そのためには、「自分の才能はどういうところにあるか」を見極《みきわ》めなければいけません。

ただ、「今は才能がない」と思ったとしても、努力して考え方を変えることによって、才能をつくり上げる場合もあるので、そのへんも考えた上で、事業を選ぶとよいでしょう。

事業を選んだ場合、次は、「商売の種」というか、「仕事の種」「飯《めし》の種」に当たるものを探して、何らかの情報収集を重ねていくことが大事ですし、その情報収集を重ねていくなかに、リピート客が増えていくような努力をしなければいけないのです。

そして、お客様に飽《あ》きられてきているなら、何か、改善するなり、付け加えるなりしていく努力をしなければいけません。

こうした努力は要りますし、最終的に、同業他社に圧倒《あっとう》的な差をつけるためには、やはり「サプライズ」を考えておくことが大事です。

そのサプライズの一つは何でしょうか。

基本的な定式は、やはり「異質なものの結合」です。ちょっとないような感じで、「まさか、ここでこんなことが」と思うような、異質なものの結合があると、サプライズになります。

あるいは、「ちょっとした心尽《こころづ》くし」でも構いませんし、「相手にとって意外なこと」でもよいでしょう。

例えば、リピート客が来たときに、相手の名前を下まで覚えていたり、家族構成まで覚えていたりすることです。「お子様はどうなりましたか」とか、「息子さんはどうですか」とか、「お嬢《じょう》さんはどうなりましたか」とか言ってきたら、少し〝怖《こわ》い〟ぐらいの感じです。

さらには、「あのときには、こういう話をしていた」とかいうことまで覚えているとなってきたら、大変です。以前、何か話をしたとき、お客様が「今こんなことで困っているんですよ」と言っていたのであれば、その後、その人が来たとき、「その後どうなりましたか」と尋《たず》ねて続きを聴いてあげ、気にかけているところを見せると、相手は、やはり驚きを感じるところがあるでしょう。

ただ、今までずっと来ていた得意の客でも、店の担当の人が休みを取って、ほかの人に替《か》わったりしていて、まったくの一見さんのような扱《あつか》いをされたときには、腹が立って、もう来なくなることもあるので、そういうときは、ほかの人に対する引き継《つ》ぎとか、申し送りとかをしておくことが非常に大事です。

要するに、「気配りでのサプライズ」や「商品やサービスの出し方での、組み合わせのサプライズ」等で、相手を喜ばそうという気持ちを持っているところは、長く続くことがあるということです。

ですから、お客様はなかなか教えてくれませんが、お客様に飽きられたりしているときには、「なぜ飽きられたのか」をよく考えなければいけません。そのへんを大事にしてください。

「気配りでのサプライズ」や
「商品やサービスの出し方での、
組み合わせのサプライズ」等で、
相手を喜ばそうという気持ちを持っているところは、
長く続くことがあるということです。

6　事業を大きくしたければ、人を育てよ

片腕《かたうで》になる人が増えなければ、事業を大きくすることは難しい

最後に付け加えておきたいことがあります。

個人としての才覚は本人固有のものなので、「自分で努力して、才覚を磨《みが》いてきた」ということに関しては、十分に敬意を払いたいと思います。

ただ、自分一人でやる事業で止めるなら結構ですが、もし、「事業体そのものを大きくしていきたい」という気持ちを持っているのなら、最後は

やはり、「どうやって人を育てていくか」ということに心を配らなければ駄目《だめ》なのです。

これは、やはり一定の方向性ですので、「いろいろな人にチャンスを与えて、やらせてみる」という方針を持ち、「人を育てる」という方向を持っていれば、喜んでチャレンジしてくる人が出てくるし、「失敗しても、もう一回チャンスがある」と思う人も出てきます。また、もし間違《まちが》ったことを言っても、許してくれることがあるなら、意見をどんどん具申《ぐしん》してくる人も出てくるでしょう。

ですから、「人を育てる」という方針を持ち、片腕《かたうで》になるタイプの人をなるべく増やしていく努力をしなければ、事業を大きくすることは、基本的に、困難なことだと思うのです。

人が使えるようになるには、どういう考え方を持つべきか

今、テレビでは、「項羽《こうう》と劉邦《りゅうほう》 King's War」という非常に長い中国ドラマを放送しています（説法当時）。

私は、名前が「隆法《りゅうほう》」なので、「項羽と劉邦なら、できれば劉邦のファンでありたい」と、いつも願っているのですが、ドラマを観《み》ていると、「何だか、私は、劉邦より項羽のほうに近いかもしれない」と思うことが多く、「いけない。これは何とかして変えないと、最後は一人で〝斬《き》り死に〟しなければいけなくなる。何とか、項羽型から劉邦型に変えなければいけない」と、心しているのです。

軍隊というのは、一人、腕に覚えがあって勇敢《ゆうかん》な将軍がいたら、けっこう強くなることがあり、「うわあっ！」と言って突進《とっしん》していくことがありますが、最終的には、やはり「自分の分身」をたくさんつくれないようでは勝てません。また、自分のような将軍だけでなく、「参謀《さんぼう》」というか、「自分とは別の機能を持って、自分を補完してくれる人」が出てこなければ、天下取りはなかなかできないものなのです。

その意味で、自分の才能が仇《あだ》になる面もあります。「自分は千人相手でも突《つ》っ込《こ》んでいける」などと思っていると、それが仇になって、ほかの人が育たないこともあるのです。

例えば、当会には、説法が上手な人や語学が堪能《たんのう》な人、学歴が立派な人、容貌《ようぼう》がとても素敵《すてき》で人気がある人など、いろいろな人がいますが、自分が何か一つの優れた長所でもって得点を稼《かせ》ぎ、人の支持を得ているような場合でも、ほかの人には、自分と同じような条件がないことがあるのです。

したがって、「ほかの人には、自分と同じような条件がなくとも、自分とは違う条件でもって、全体としてプラスを出せるような組み合わせができないかどうか」ということを考える余力が欲しいものです。

項羽に足りなかったのは、やはり「参謀の部分」でしょう。項羽は、気《き》性《しょう》が荒《あら》く、自分一人で戦って勝つほうのタイプなので、参謀がなかなか育たなかったのです。意見を言ってきた者を、うるさいからといって、首にしてしまったこともあったようです。

一方、劉邦のほうは、自分を低く下げていた分、周りの人は意見が言えたし、「強い人や知恵《ちえ》のある人を使える」ということがあったわけです。

「ほかの人には、自分と同じような条件がなくとも、
自分とは違う条件でもって、
全体としてプラスを出せるような
組み合わせができないかどうか」
ということを考える余力が欲しいものです。

経営の本などには、よく、「自分より知恵のある人を使えることが大事だ」とか、「アンドリュー・カーネギーは、墓碑銘《ぼひめい》に『自分より賢《かしこ》い人を使った人が、ここに眠《ねむ》る』というような言葉を刻んでいる」とか書かれていますが、実際は、なかなか、自分より才能の高い人を使えるものではありません。

ただ、考え方として、自分の得意の領域で同じものを持っている人に対しては、「七割、八割できたら、まあ、いいかな。任せてみようかな」というぐらいの気持ちは要《い》るかと思います。

「自分と同じぐらいまでできなければ、許さない」というのは、刀鍛冶《かたなかじ》のようなところなら、よ

アンドリュー・カーネギー（1835～1919）
アメリカの実業家。「鉄鋼王」と称される。

いかもしれませんが、もう少し大きな組織では、やはり無理なことでしょう。「七割、八割できるなら、任せて、一人前にやらせてみようかな」という気持ちがあったほうがよいのではないでしょうか。

さらに、自分と違った発想をするタイプの人間を、ただただ嫌《きら》うのではなく、「ああ、この人は、こんなふうに考えるのか」と思うようなところに対して、新鮮《しんせん》な驚《おどろ》きというか、発見を感じる気持ちを持っていなければいけません。そうでなければ、組織としては伸《の》びていかないのです。

つまり、「異質なものの組み合わせで、大きくしていこう」という気持ちを持たなければいけないのです。それを、私自身も強く自戒の念として持っています。

事業の拡大と同時に「育てる力」もアップしなければならない

当会の場合、まだ、人の能力を伸ばし切れていないのが、まことに残念なことだと思われます。

ただ、「ある程度、短期間ではありましたが、二十数年の間で、一応、幹部として、館長や理事や局長とかいうタイトル（肩書《かたが》き）を与えても何とか〝座《すわ》って〟いられる人はたくさんつくった」ということは、実績です。実力があったかどうかは別として、何回もやっているうちに、何となく〝座って〟いられる人はたくさんつくったのです。

最初の頃《ころ》は、精舎《しょうじゃ》の館長さえ、できる人はいませんでした。総合本部が丸ごと移転して、正心館《しょうしんかん》一個を回していた時期もあるわけです。みな自信がなく、二百人ぐらいの職員が一カ所に固まって、回していたときもありました。今は、ずっと少ない人数で、いろいろな精舎を回しているので、昔より出世しているのでしょう。

ただ、個人の出世が、教団の広がり方に追いつかないようであれば、こぼれていく人のほうが増えてくるので、やはり、「育てる力」も同時にアップしていかなければ駄目なのだと思うのです。

そのためには、「ある程度、自分と似た傾向《けいこう》のある人で、才能がある人に対しては、自分に及《およ》ばないところがあっても、それを引き伸ばしてあげなければいけない。認めて、上げてやらなければいけない。思い切って、やらせてみなければいけない」ということが、一つあります。

もう一つは、「自分とは全然違う、異質な考え方をしたり行動をしたりするタイプであっても、上手に使う道がないかどうかを考えなければいけない」ということです。

例えば、枯《か》れ葉になって土になるしか仕方のない、もみじの葉っぱでも、料理の添《そ》え物にしたら、値打ち、付加価値を生み、高い高級料理の一部に変化するわけですから、「『使いものにならない』と思うような人でも、もしかしたら、使い方によっては〝味〟が出せることもあるかもしれない」という気持ちは、いつも持っていなければいけません。

それぞれの人に特徴《とくちょう》があるので、自分のやり方をよしとするにしても、「自分とは違うほかの人の考えを、どのように組み合わせて取り入れ、全体として成功するようにもっていけるか」ということを考えなければいけないでしょう。

「神輿《みこし》を担《かつ》ぐことと一緒だ」と思ってください。どの人も、力であるのです。

そういうことをよく考えて、全体として成果をあげていくように頑張《がんば》りたいと思っています。

私も「項羽にならずに、劉邦になって、きちんと〝漢帝国《かんていこく》〟を建てたいものだな」と思っておりますので、そのへんは、みなさんにも、よろしくお願いしたいと考えています。

力のある人が出てきてくださって結構ですし、参謀タイプの人もたくさん出てきてほしいのです。一人の知恵には限りがあるので、どうか、隠れた知恵を持っている人は、いろいろなかたちで知恵を出してください。

「最終成果がよければ、結果はオーライなのだ」と思ってくだされば、幸いかと思っています。

あとがき

「経営」は、日々の新しい「創造」であるから、生きてゆく上での喜びでもある。今までこの世になかった「商品」を送り出す。新しい「サービス」を創り出す。誰もが考えつかなかった新しい「ニーズ」を掘り起こす。新規事業を立ち上げるためのヒントは、街《まち》のそこここに眠っている。

しかし真剣勝負で勝ち続けることは難しい。新規オープンして、行列のできる店として雑誌やテレビでとり上げられた後、二〜三年後にはつぶれているというのは、日常茶飯事である。一杯八百円から千数百円もする、砂糖もミルクも使わずに香りを楽しませていた高級紅茶店が、五年以上も続いて老舗《しにせ》入りするかと思っていると、道路向かいにランチタイムに日替わりランチ・プラス・中国茶を千円ほどで出す店が出来ると、あっという間に倒産し、今は犬猫病院になっている。

諸行《しょぎょう》は無常《むじょう》である。経営は厳しい。とにかく黒字化を目指さない限り、必ず倒産に向かうのだ。「経営成功学」の王道をきわめよう。

二〇一四年　四月三十日

幸福《こうふく》の科学《かがく》グループ創始者兼総裁《そうししゃけんそうさい》

幸《こう》福《ふく》の科学大学創立者《かがくだいがくそうりつしゃ》　大川隆法《おおかわりゅうほう》

『経営の創造』大川隆法著作関連書籍

『「経営成功学」とは何か』（幸福の科学出版刊）
『忍耐の時代の経営戦略』（同右）

経営《けいえい》の創造《そうぞう》 ——新規事業を立ち上げるための要諦——

2014年 5月17日　初版第1刷

著　者　大《おお》川《かわ》隆《りゅう》法《ほう》

発行所　幸福の科学出版株式会社
〒107-0052 東京都港区赤坂2丁目10番14号
TEL(03)5573-7700
http://www.irhpress.co.jp/
印刷・製本　株式会社 堀内印刷所

落丁・乱丁本はおとりかえいたします

ISBN978-4-86395-467-0 C0030

Photo: ©Aleksejs Pivnenko-Fotolia.com、©Santa Papa-Fotolia.com、
AP/アフロ、時事、時事通信フォト

大川隆法 ベストセラーズ・経営シリーズ

忍耐の時代の経営戦略

企業の命運を握る３つの成長戦略

2014年以降のマクロ経済の動向を的確に予測！ これから厳しい時代に突入する日本において、企業と個人がとるべき「サバイバル戦略」を示す。

豪華装丁 函入り

10,000円

逆転の経営術

守護霊インタビュー ジャック・ウェルチ、カルロス・ゴーン、ビル・ゲイツ

会社再建の秘訣から、逆境の乗りこえ方、そして無限の富を創りだす方法まで──。世界のトップ経営者３人の守護霊が経営術の真髄を語る。

豪華装丁 函入り

10,000円

智慧の経営

不況を乗り越える常勝企業のつくり方

集中戦略、撤退戦略、クレーム処理、合理精神、顧客ニーズ把握──不況でも伸びる組織には、智慧がある。会社の置かれた状況や段階に合わせた、キメ細かな経営のヒント。

豪華装丁 函入り

10,000円

大川隆法ベストセラーズ・「幸福の科学大学」が目指すもの

新しき大学の理念

**「幸福の科学大学」がめざす
ニュー・フロンティア**

2015年開学予定の「幸福の科学大学」。日本の大学教育に新風を吹き込む「新時代の教育理念」とは？　創立者・大川隆法が、そのビジョンを語る。

1,400円

「経営成功学」とは何か

百戦百勝の新しい経営学

経営者を育てない日本の経営学!?　アメリカをダメにしたMBA!?　──幸福の科学大学の「経営成功学」に託された経営哲学のニュー・フロンティアとは。

1,500円

「人間幸福学」とは何か

人類の幸福を探究する新学問

「人間の幸福」という観点から、あらゆる学問を再検証し、再構築する──。数千年の未来に向けて開かれていく学問の源流がここにある。

1,500円

「未来産業学」とは何か

未来文明の源流を創造する

新しい産業への挑戦──「ありえない」を、「ありうる」に変える！　未来文明の源流となる分野を研究し、人類の進化とユートピア建設を目指す。

1,500円

大川隆法 ベストセラーズ・「幸福の科学大学」が目指すもの

「未来創造学」入門

未来国家を構築する新しい法学・政治学

政治とは、創造性・可能性の芸術である。どのような政治が行われたら、国民が幸福になるのか。政治・法律・税制のあり方を問い直す。

1,500 円

幸福の科学の基本教義とは何か

真理と信仰をめぐる幸福論

進化し続ける幸福の科学 ── 本当の幸福とは何か。永遠の真理とは？ 信仰とは何なのか？ 総裁自らが説き明かす未来型宗教を知るためのヒント。

1,500 円

プロフェッショナルとしての国際ビジネスマンの条件

実用英語だけでは、国際社会で通用しない！ 語学力と教養を兼ね備えた真の国際人を目指し、日本人が世界で活躍するための心構えを語る。

1,500 円

恋愛学・恋愛失敗学入門

恋愛と勉強は両立できる？ なぜダメンズと別れられないのか？ 理想の相手をつかまえるには？ 幸せな恋愛・結婚をするためのヒントがここに。

1,500 円

※表示価格は本体価格（税別）です。

幸福の科学大学の魅力

1 夢にチャレンジする大学

今世《こんぜ》の「使命」と「志《こころざし》」の発見をサポートし、学生自身の個性や強みに基づいた人生計画の設計と実現への道筋を明確に描きます。

2 真の教養を身につける大学

仏法真理を徹底的に学びつつ心の修行を重ね、魂の器《うつわ》を広げます。仏法真理を土台に、正しい価値判断ができる真の教養人を目指します。

3 実戦力を鍛える大学

実戦《じっせん》レベルまで専門知識を高め、第一線で活躍するリーダーと交流を持つことによって、現場感覚や実戦力を鍛《きた》え、成果を伴《ともな》う学問を究《きわ》めます。

4 世界をひとつにする大学

自分の意見や考えを英語で伝える発信力を身につけ、宗教や文化の違いを越えて、人々を魂レベルで感化《かんか》できるグローバル・リーダーを育てます。

5 未来を創造する大学

未来社会や未来産業の姿を描き、そこから実現に必要な新発見・新発明を導き出します。過去の思想や学問を総決算し、新文明の創造を目指します。

校舎棟の正面

学生寮

大学完成イメージ

Noblesse《ノーブレス》 Oblige《オブリージ》　「高貴なる義務」を果たす、「真のエリート」を目指せ。

幸福の科学学園
中学校・高等学校（那須本校）

Happy Science Academy Junior and Senior High School

私は、
教育が人間を創ると
信じている一人である。
若い人たちに、
夢とロマンと、精進、
勇気の大切さを伝えたい。
この国を、全世界を、
ユートピアに変えていく力を
出してもらいたいのだ。

（幸福の科学学園 創立記念碑より）

幸福の科学学園 創立者

大川隆法

幸福の科学学園（那須本校）は、幸福の科学の教育理念のもとにつくられた、男女共学、全寮制の中学校・高等学校です。自由闊達な校風のもと、「高度な知性」と「徳育」を融合させ、社会に貢献するリーダーの養成を目指しており、2014年4月には開校四周年を迎えました。

Noblesse《ノーブレス》 Oblige《オブリージ》

「高貴なる義務」を果たす、
「真のエリート」を目指せ。

2013年 春 開校

幸福の科学学園
関西中学校・高等学校

Happy Science Academy
Kansai Junior and Senior High School

私は日本に
真のエリート校を創り、
世界の模範としたい
という気概に満ちている。
『幸福の科学学園』は、
私の『希望』であり、
『宝』でもある。
世界を変えていく、
多才かつ多彩な人材が、
今後、数限りなく
輩出されていくことだろう。
（幸福の科学学園関西校 創立記念碑より）

幸福の科学学園 創立者
大川隆法

滋賀県大津市、美しい琵琶湖の西岸に建つ幸福の科学学園（関西校）は、男女共学、通学も入寮も可能な中学校・高等学校です。発展・繁栄を校風とし、宗教教育や企業家教育を通して、学力と企業家精神、徳力を備えた、未来の世界に責任を持つ「世界のリーダー」を輩出することを目指しています。

幸福の科学学園・教育の特色

「徳ある英才」の創造

教科「宗教」で真理を学び、行事や部活動、寮を含めた学校生活全体で実修して、ノーブレス・オブリージ（高貴なる義務）を果たす「徳ある英才」を育てていきます。

体育祭

天分を伸ばす「創造性教育」

教科「探究創造」で、偉人学習に力を入れると共に、日本文化や国際コミュニケーションなどの教養教育を施すことで、各自が自分の使命・理想像を発見できるよう導きます。さらに高大連携教育で、知識のみならず、知識の応用能力も磨き、企業家精神も養成します。芸術面にも力を入れます。

探究創造科発表会

一人ひとりの進度に合わせた「きめ細やかな進学指導」

熱意溢れる上質の授業をベースに、一人ひとりの強みと弱みを分析して対策を立てます。強みを伸ばす「特別講習」や、弱点を分かるところまでさかのぼって克服する「補講」や「個別指導」で、第一志望に合格する進学指導を実現します。

授業の様子

自立心と友情を育てる「寮制」

寮は、真なる自立を促し、信じ合える仲間をつくる場です。親元を離れ、団体生活を送ることで、縦・横の関係を学び、力強い自立心と友情、社会性を養います。

毎朝夕のお祈りの時間

幸福の科学学園の進学指導

1 英数先行型授業

受験に大切な英語と数学を特に重視。「わかる」(解法理解)まで教え、「できる」(解法応用)、「点がとれる」(スピード訓練)まで繰り返し演習しながら、高校三年間の内容を高校二年までにマスター。高校二年からの文理別科目も余裕で仕上げられる効率的学習設計です。

2 習熟度別授業

英語・数学は、中学一年から習熟度別クラス編成による授業を実施。生徒のレベルに応じてきめ細やかに指導します。各教科ごとに作成された学習計画と、合格までのロードマップに基づいて、大学受験に向けた学力強化を図ります。

3 基礎力強化の補講と個別指導

基礎レベルの強化が必要な生徒には、放課後や夕食後の時間に、英数中心の補講を実施。特に数学においては、授業の中で行われる確認テストで合格に満たない場合は、できるまで徹底した補講を行います。さらに、カフェテリアなどでの質疑対応の形で個別指導も行います。

4 特別講習

夏期・冬期の休業中には、中学一年から高校二年まで、特別講習を実施。中学生は国・数・英の三教科を中心に、高校一年からは五教科でそれぞれ実力別に分けた講座を開講し、実力養成を図ります。高校二年からは、春期講習会も実施し、大学受験に向けて、より強化します。

5 幸福の科学大学(仮称・設置認可申請中)への進学

二〇一五年四月開学予定の幸福の科学大学への進学を目指す生徒を対象に、推薦制度を設ける予定です。留学用英語や専門基礎の先取りなど、社会で役立つ学問の基礎を指導します。

授業の様子

詳しい内容、パンフレット、募集要項のお申し込みは下記まで。

幸福の科学学園 関西中学校・高等学校

〒520-0248
滋賀県大津市仰木の里東2-16-1
TEL.077-573-7774
FAX.077-573-7775
[公式サイト]
www.kansai.happy-science.ac.jp
[お問い合わせ]
info-kansai@happy-science.ac.jp

幸福の科学学園 中学校・高等学校

〒329-3434
栃木県那須郡那須町梁瀬 487-1
TEL.0287-75-7777
FAX.0287-75-7779
[公式サイト]
www.happy-science.ac.jp
[お問い合わせ]
info-js@happy-science.ac.jp

仏法真理塾

サクセスNo.1

未来の菩薩を育て、仏国土ユートピアを目指す!

仏法真理塾「サクセスNo.1」とは

宗教法人幸福の科学による信仰教育の機関です。信仰教育・徳育にウエイトを置きつつ、将来、社会人として活躍するための学力養成にも力を注いでいます。

サクセスNo.1 東京本校(戸越精舎内)

「サクセスNo.1」のねらいには、「仏法真理と子どもの教育面での成長とを一体化させる」ということが根本にあるのです。

大川隆法総裁 御法話『サクセスNo.1』の精神」より

仏法真理塾「サクセスNo.1」の教育について

信仰教育が育む健全な心

御法話拝聴や祈願、経典の学習会などを通して、仏の子としての「正しい心」を学びます。

学業修行で学力を伸ばす

忍耐力や集中力、克己心を磨き、努力によって道を拓く喜びを体得します。

法友との交流で友情を築く

塾生同士の交流も活発です。お互いに信仰の価値観を共有するなかで、深い友情が育まれます。

●サクセスNo.1は全国に、本校・拠点・支部校を展開しています。

東京本校
TEL.03-5750-0747　FAX.03-5750-0737

名古屋本校
TEL.052-930-6389　FAX.052-930-6390

大阪本校
TEL.06-6271-7787　FAX.06-6271-7831

京滋本校
TEL.075-694-1777　FAX.075-661-8864

神戸本校
TEL.078-381-6227　FAX.078-381-6228

西東京本校
TEL.042-643-0722　FAX.042-643-0723

札幌本校
TEL.011-768-7734　FAX.011-768-7738

福岡本校
TEL.092-732-7200　FAX.092-732-7110

宇都宮本校
TEL.028-611-4780　FAX.028-611-4781

高松本校
TEL.087-811-2775　FAX.087-821-9177

沖縄本校
TEL.098-917-0472　FAX.098-917-0473

広島拠点
TEL.090-4913-7771　FAX.082-533-7733

岡山拠点
TEL.086-207-2070　FAX.086-207-2033

北陸拠点
TEL.080-3460-3754　FAX.076-464-1341

大宮拠点
TEL.048-778-9047　FAX.048-778-9047

全国支部校のお問い合わせは、
サクセスNo.1 東京本校（TEL. 03-5750-0747）まで。
メール info@success.irh.jp

エンゼルプランV

信仰教育をベースに、知育や創造活動も行っています。

信仰に基づいて、幼児の心を豊かに育む情操教育を行っています。また、知育や創造活動を通して、ひとりひとりの子どもの個性を大切に伸ばします。お母さんたちの心の交流の場ともなっています。

TEL 03-5750-0757　FAX 03-5750-0767
メール angel-plan-v@kofuku-no-kagaku.or.jp

ネバー・マインド

不登校の子どもたちを支援するスクール。

「ネバー・マインド」とは、幸福の科学グループの不登校児支援スクールです。「信仰教育」と「学業支援」「体力増強」を柱に、合宿をはじめとするさまざまなプログラムで、再登校へのチャレンジと、進路先の受験対策指導、生活リズムの改善、心の通う仲間づくりを応援します。

TEL 03-5750-1741　FAX 03-5750-0734
メール nevermind@happy-science.org

ユー・アー・エンゼル!(あなたは天使!)運動

障害児の不安や悩みに取り組み、ご両親を励まし、勇気づける、障害児支援のボランティア運動です。学生や経験豊富なボランティアを中心に、全国各地で、障害児向けの信仰教育を行っています。保護者向けには、交流会や、医療者・特別支援教育者による勉強会、メール相談を行っています。

TEL 03-5750-1741　FAX 03-5750-0734
メール you-are-angel@happy-science.org

シニア・プラン21

生涯反省で人生を再生・新生し、希望に満ちた生涯現役人生を生きる仏法真理道場です。週1回、開催される研修には、年齢を問わず、多くの方が参加しています。現在、全国8カ所（東京、名古屋、大阪、福岡、新潟、仙台、札幌、千葉）で開校中です。

東京校 TEL 03-6384-0778　FAX 03-6384-0779
メール senior-plan@kofuku-no-kagaku.or.jp

入会のご案内

あなたも、幸福の科学に集い、ほんとうの幸福を見つけてみませんか？

幸福の科学では、大川隆法総裁が説く仏法真理をもとに、
「どうすれば幸福になれるのか、また、
他の人を幸福にできるのか」を学び、実践しています。

入会

大川隆法総裁の教えを信じ、学ぼうとする方なら、どなたでも入会できます。入会された方には、『入会版「正心法語」』が授与されます。（入会の奉納は1,000円目安です）

ネットでも**入会**できます。詳しくは、下記URLへ。
happy-science.jp/joinus

三帰《さんき》誓願《せいがん》

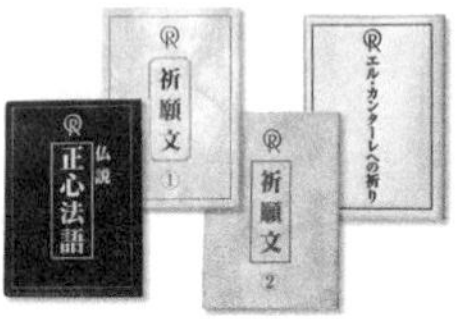

仏弟子としてさらに信仰を深めたい方は、仏・法・僧の三宝への帰依を誓う「三帰誓願式」を受けることができます。三帰誓願者には、『仏説・正心法語』『祈願文①』『祈願文②』『エル・カンターレへの祈り』が授与されます。

植福《しょくふく》の会

植福は、ユートピア建設のために、自分の富を差し出す尊い布施の行為です。布施の機会として、毎月1口1,000円からお申込みいただける、「植福の会」がございます。

「植福の会」に参加された方のうちご希望の方には、幸福の科学の小冊子（毎月1回）をお送りいたします。
詳しくは、下記の電話番号までお問い合わせください。

月刊「幸福の科学」

ザ・伝道

ヤング・ブッダ

ヘルメス・エンゼルズ

INFORMATION
幸福の科学サービスセンター
TEL. 03-5793-1727（受付時間 火〜金:10〜20時／土・日:10〜18時）
宗教法人 幸福の科学 公式サイト **happy-science.jp**